MA VIE AMOUREUSE DE MARDE

Édition : Pascale Mongeon
Design graphique : Josée Amyotte
Correction : Odile Dallaserra
          et Ginette Choinière
Infographiste : Chantal Landry

Données de catalogage disponibles auprès de Bibliothèque et
Archives nationales du Québec

Suivez-nous sur le Web

Consultez nos sites Internet et inscrivez-vous à l'infolettre
pour rester informé en tout temps de nos publications et de
nos concours en ligne. Et croisez aussi vos auteurs préférés
et notre équipe sur nos blogues !

EDITIONS-HOMME.COM

EDITIONS-JOUR.COM

EDITIONS-PETITHOMME.COM

EDITIONS-LAGRIFFE.COM

09-14

Dépôt légal : 2014
Bibliothèque et Archives nationales du Québec

ISBN 978-2-7619-4122-8

DISTRIBUTEURS EXCLUSIFS :

Pour le Canada et les États-Unis :
MESSAGERIES ADP inc.*
2315, rue de la Province
Longueuil, Québec J4G 1G4
Téléphone : 450-640-1237
Télécopieur : 450-674-6237
Internet : www.messageries-adp.com
* filiale du Groupe Sogides inc.,
   filiale de Québecor Média inc.

Pour la France et les autres pays :
INTERFORUM editis
Immeuble Paryseine, 3, allée de la Seine
94854 Ivry CEDEX
Téléphone : 33 (0) 1 49 59 11 56/91
Télécopieur : 33 (0) 1 49 59 11 33
Service commandes France Métropolitaine
Téléphone : 33 (0) 2 38 32 71 00
Télécopieur : 33 (0) 2 38 32 71 28
Internet : www.interforum.fr
Service commandes Export – DOM-TOM
Télécopieur : 33 (0) 2 38 32 78 86
Internet : www.interforum.fr
Courriel : cdes-export@interforum.fr

Pour la Suisse :
INTERFORUM editis SUISSE
Case postale 69 – CH 1701 Fribourg – Suisse
Téléphone : 41 (0) 26 460 80 60
Télécopieur : 41 (0) 26 460 80 68
Internet : www.interforumsuisse.ch
Courriel : office@interforumsuisse.ch
Distributeur : OLF S.A.
ZI. 3, Corminboeuf
Case postale 1061 – CH 1701 Fribourg – Suisse
Commandes :
Téléphone : 41 (0) 26 467 53 33
Télécopieur : 41 (0) 26 467 54 66
Internet : www.olf.ch
Courriel : information@olf.ch

Pour la Belgique et le Luxembourg :
INTERFORUM BENELUX S.A.
Fond Jean-Pâques, 6
B-1348 Louvain-La-Neuve
Téléphone : 32 (0) 10 42 03 20
Télécopieur : 32 (0) 10 41 20 24
Internet : www.interforum.be
Courriel : info@interforum.be

Gouvernement du Québec – Programme de crédit d'imp
pour l'édition de livres – Gestion SODEC –
www.sodec.gouv.qc.ca

L'Éditeur bénéficie du soutien de la Société de dévelo
pement des entreprises culturelles du Québec pour se
programme d'édition.

Conseil des Arts   Canada Council
du Canada   for the Arts

Nous remercions le Conseil des Arts du Canada de l'ai
accordée à notre programme de publication.

Nous reconnaissons l'aide financière du gouvernement
Canada par l'entremise du Fonds du livre du Canada po
nos activités d'édition.

ANNE-MARIE DUPRAS

AVEC L'INDISPENSABLE COLLABORATION D'ANNIE DESCHAMPS

MA VIE AMOUREUSE DE MARDE

LES ÉDITIONS DE L'HOMME

Une société de Québecor Média

À TOUS CEUX QUI ONT DÉJÀ EU LE CŒUR BRISÉ

AVERTISSEMENTS

Toute ressemblance avec des événements ou des personnes ayant existé n'est ni fortuite ni le fruit d'une coïncidence. Si on s'est déjà fréquentés et que tu penses que tu apparais dans ce livre, il y a de très bonnes chances pour que ce soit le cas.

L'auteure de ce livre fait parfois référence au bon vieux temps. Née en 1973, son bon vieux temps rime avec Hall and Oates, Bananarama, Perrette et Vuarnet (pas nécessairement dans cet ordre).

L'auteure de ce livre est une femme, ce qui fait qu'elle parle surtout de son point de vue en tant que telle. Elle n'a rien contre les hommes (sauf les quelques sans-cœur qui lui ont *smashé* le sien), et si elle parle plus en tant que femme et aux femmes, c'est juste... logique.

L'auteure est tout de même convaincue que pas mal d'hommes sauront apprécier ce livre pour les histoires et conseils qu'il apporte, en plus de donner accès à l'intérieur de la tête et du cœur de cette petite bête parfois si difficile à comprendre qu'est la femme.

Vous trouverez dans ce livre des quiz et des tests qui ne sont pas scientifiques pour deux sous, puisque l'auteure n'est ni psychologue ni sexologue (ni volcanologue d'ailleurs)*.

AUX LECTEURS DU BLOGUE :
Certains des textes que vous avez déjà lus se retrouvent dans ce livre. N'ayez crainte, la plupart ont été pimpés. Plus longs, plus drôles ou juste enrichis de vitamine C, ce sont des billets de blogue revus et corrigés, au goût amélioré.

---

* Par contre, elle fait un méchant bon pâté chinois et sait différencier des mitaines de ski de mitaines de four.

LE MOT D'ANNE-MARIE

Quand j'ai su qu'on allait publier mon livre, j'ai téléphoné à mon père pour le lui annoncer :

«Papa, j'ai une bonne et une mauvaise nouvelle. La bonne, c'est que mon livre va être publié! La mauvaise, c'est qu'il y a le mot "marde" dans le titre...»

Si on m'avait dit à vingt ans que le célibat deviendrait ma spécialité et ma marque de commerce, j'aurais probablement pleuré... ou ri fort et nerveusement, et reniflé en faisant des bruits de cochon. Puis pleuré encore un petit peu.

Parce que ça a l'air vraiment le fun dans les annonces et les films de recevoir la visite de son soi-même du futur, mais c'est probablement parce que c'est généralement pour s'auto-dire des choses comme : «Un jour, tu vas être tellement bonne en patin que tu vas aller aux Olympiques! *Go go go* ma belle!» ou : «Continue comme ça! Ton petit livre écrit à temps perdu va gagner un prix Pulitzer!»

Dans mon cas, mon moi futur se serait déplacé de quelques décennies pour venir m'annoncer : «Écoute. Je sais pas trop comment me dire ça, mais... t'arriveras pas à trouver de chum, ou, en tout cas, à en garder un longtemps, et tout le monde va le savoir. On va te connaître pour ça. Les gens vont te montrer du doigt dans la rue et dire : "Regarde, c'est la fille qui a la vie amoureuse de marde!" On va même t'arrêter pour te féliciter : "Oh! Je vous reconnais! J'adooooooreeeee votre vie amoureuse de marde!"»

Heureusement, c'est pas arrivé comme ça. C'était un concours de circonstances. Après une indigestion de peines d'amour, j'ai tout simplement décidé d'étaler mes expériences merdiques sur la place publique et, en moins de deux, Miss de Marde je suis devenue. Je n'aurais jamais pensé ça, je ne l'ai pas souhaité non plus, mais comme on le dit souvent, c'est dans le caca que poussent les plus belles fleurs. On dit aussi que les projets qui sont les plus vrais, qui nous ressemblent le plus, sont ceux qui fonctionnent le mieux et touchent le plus de gens. C'est maintenant que je constate comme c'est vrai. Je n'ai jamais rien écrit de plus près de moi que ces textes. Mais j'avais besoin de le faire, et rien ne m'a rendue plus heureuse que de savoir que les gens s'y reconnaissaient et que les lire leur faisait du bien.

En amour, j'ai vécu plus que ma part d'épisodes tristes, manqués ou marquants, mais tout ça a développé ma débrouillardise, mon autodérision et mon sens de l'humour. Ma devise est maintenant : «Tant que je ris, y a de l'espoir.»

On croit tous qu'on a donc besoin d'amour pour vivre. Oui, mais mon Dieu qu'on a aussi besoin d'humour!

Combien de fois je me suis retrouvée le cœur en miettes, les joues noircies de mascara qui coule avec mes larmes, à penser : «Ben voyons donc! Ça n'a pas de sens, ce qui m'arrive, mais... ça va être tellement drôle dans un texte un moment donné!!!»

J'ai appris à voir mes déboires amoureux comme des brouillons de textes de comédies romantiques envoyés par l'univers. Des pistes, des suggestions. Ça m'a permis de survivre, d'écrire, de me convaincre que rien n'arrivait pour rien. Et le moment donné, il est enfin arrivé.

Me voici donc, genre de pro du célibat.

Pour les puristes et les passionnés de sémantique, quand je pense célibataire, je pense : «Qui n'est pas dans une relation amoureuse significative.» Et par significative, j'entends que quand je dis «Viens-tu souper chez ma mère dimanche soir?» l'autre ne fait ni une syncope ni une fugue.

Après le succès de mon blogue *Ma vie amoureuse de marde*, j'ai décidé de choisir quelques-uns de mes écrits les plus pertinents, puis d'élaborer un genre de guide pour célibataires, une thérapie de pas-de-couple, et j'ai tout couché ça sur papier.

Vous savez, quand on est célibataire, coucher, c'est coucher...

Voici donc quelques billets choisis tirés du blogue, mais aussi une foule de conseils, de tests et d'informations qui donneront un coup de main à ceux qui s'y perdent dans cette jungle qu'est la recherche de l'amour.

Si je me fie à mon lectorat sur le Web, ce livre ne plaira pas qu'aux célibataires, mais bien à tous ceux qui aiment l'amour et l'humour. Je me suis rendu compte, au fil de mes écrits et de ceux de mes lecteurs, que même si on est en couple depuis des années, on se souvient tous de la douleur d'une grosse peine d'amour. On se rappelle ce sentiment de vide. C'est une blessure qui peut cicatriser, mais qui est toujours visible si on la cherche un peu. Et mes récits devraient vous rappeler ça, mais aussi vous faire rire parce que l'humour, ben, contrairement à l'amour, c'est ma force.

Et ça me donnera aussi l'impression de servir à quelque chose, et de ne pas avoir rencontré ou fréquenté quarante-huit cabochons et lu les fiches de sept mille trois cent quarante-six autres pour rien!

Ça fait que... *It's a win-win situation*, comme on dit en anglais.

Je vous invite donc à vous plonger dans ma vie (attention, des fois elle est froide!). Vous croiserez parfois dans cet ouvrage ce que j'appelle des fiches de complément de lecture. Voyez ça comme un accord mets-vin: je couche mes mots sur papier, on met la musique, tout ce qu'il faut pour pour bien recréer l'ambiance du moment. Pour l'expérience de luxe, vous habiller en mou peut aussi contribuer: les trois quarts de ce livre ont été écrits en mou et en pantoufles. Le reste a pas mal été écrit en pyjama, donc en mou de nuit. Ça me semble tout à fait logique; le mou, c'est la colonne vertébrale du mot «aMOUr».

Alors voilà. J'espère que lire ce livre vous fera autant de bien que son écriture m'en a procuré. Si c'est le cas, eh bien, de rien.

Bonne lecture!

Miss de Marde X X
(Juste deux becs parce que trois, ça fait allusion sexuelle, quatre, ça fait un peu needy, et avec un seul, on dirait que je vote.)
(C'est ça qui arrive quand on date trop en 2014; on analyse même les becs dans les signatures.)

LE MOT D'ANNIE

Ça fait quatorze ans que je suis mariée. C'est l'équivalent de soixante-cinq ans en mariage hollywoodien.

Si on m'avait dit il y a quinze ans qu'aujourd'hui je serais mariée, que j'aurais trois enfants et que le premier livre auquel je participerais s'intitulerait *Ma vie amoureuse de marde*, je ne suis pas sûre que j'aurais eu un bon *feeling*. Pourtant, je suis très fière de cette marde!

J'ai vécu moi-même non seulement ma propre marde amoureuse, mais aussi une tonne de *dates* et de relations de marde par l'entremise d'Anne-Marie. Ma vie amoureuse de mar... iée n'est pas idéale non plus: elle serait du genre à dissuader tout le monde de dire «je le veux» (alors pas de panique, je ne juge pas).

Bref, Anne-Marie et moi, on est dans le même bateau, et il pue un peu.

Quand j'ai rencontré Anne-Marie, on n'allait pas bien. Elle était dans la fin de sa relation avec Monsieur Jaloux, et je vivais aussi une dépression intense attribuable aux difficultés du mariage et à la perspective d'un vide professionnel.

Nous nous sommes trouvées, nous nous sommes consolées et peu de temps après nous unissions nos forces et nos farces pour devenir les Zélées. En quelque sorte, nous repartions à zéro, mais notre nouvelle relation de *best friends forever* nous a également donné un renouveau d'énergie.

Plusieurs mois plus tard, nous avons constaté que ça nous intéressait de moins en moins de travailler seules. Tout allait plus vite ensemble. Anne-Marie est une machine à idées, mais il lui faut quelqu'un pour l'aider à les arranger, les pousser plus loin et la flatter dans le dos ou la faire rire quand elle braille à cause d'un moron.

Et v'là votre réponse à la question: «Qu'est-ce qu'elle fait dans le livre, elle?!» On est une équipe. Je suis sa *best*, la graisse qui débloque sa roue, l'alcool dans son gin tonic, ou peut-être le tonic dans son gin... En tout cas, je suis la fille au bout du fil quand ça va mal, je suis la fille au bout du fil quand ça va bien. Je me permets parfois d'intervenir dans ce livre, ma p'tite face vous dira où me trouver... Cela dit, tout le crédit lui en revient. C'est sa vie, et je n'en suis qu'un des personnages.

Sur ce, bonne lecture!

PRINCES, LAPINS ET CRAPAUDS

« LE PRINCE CHARMANT, C'T'UN CAVE
PIS LA PRINCESSE C'T'UNE GROSSE SALOPE.
Y EN AURA PAS DE FACILE. »

LISA LEBLANC

« CHERCHER L'HOMME DE MA VIE,
C'EST COMME CHERCHER UN COUVERCLE DANS MON ARMOIRE
À TUPPERWARE.
JE SAIS QU'IL EST LÀ, QUELQUE PART... MAIS OÙ ? »

ANNE-MARIE DUPRAS

BILLY

Commençons par le commencement, la première question, probablement la plus capitale : quand donc a débuté cette vie amoureuse rockambolesque?

Je me souviens très bien de mon tout premier «amoureux». J'avais huit ans et à cet âge-là, on s'entend qu'on n'a pas besoin de grand-chose pour être qualifié d'amoureux. Fallait juste dire qu'on l'était, et voilà, boum, on était ensemble.

Torpinouche que c'était simple les relations amoureuses à cet âge-là. Pas besoin d'acheter des fleurs : trouver un trèfle à quatre feuilles et l'offrir valait toutes les roses du monde. Zéro pression pour aller au resto ou prendre un verre : offrir une moitié de sa gomme balloune faisait la job. Surtout, absolument pas nécessaire d'être un expert du sexe. Savoir jouer au trou d'cul était ben en masse pour être cool.

Ma vie amoureuse a commencé en été. Cet été-là, je le passais au camp de vacances avec mon frère. On y allait chaque année, mais cette fois-là j'avais remarqué quelque chose qui m'était totalement passé sous le nez auparavant : un beau gars. Avant, pour moi, les gars, c'était soit niaiseux, soit achalant, généralement les deux en même temps. Mais lui semblait différent.

Quand nos groupes se croisaient, parce qu'étant plus vieux que moi il était dans un groupe différent, je sentais son regard s'attarder un peu sur moi. Pas un regard du genre : «Ouache! Une autre qui s'habille chez Croteau», comme il m'arrivait parfois d'en recevoir, mais plutôt un regard curieux. Des yeux qui trouvent, mais qui ne savaient même pas qu'ils cherchaient (un peu comme quand j'aperçois du chocolat au marché, alors que j'étais sortie pour acheter des fruits ou des légumes). Vous savez, une tête qui se retourne avec un genre de demi-sourire.

Puis un jour, il m'a souri, pas à moitié, au complet. Je ne savais plus où me mettre tellement j'étais surprise*.

Ses sourires sont devenus de plus en plus fréquents. Je commençais non seulement à m'y habituer, mais à aimer ça! Pour la première fois, j'éprouvais ce sentiment qu'on recherche toute sa vie durant, un peu comme les héroïnomanes recherchent le *buzz* de leur premier *fix*, j'avais les fameux, les uniques, les incomparables papillons dans le ventre. Quel beau sentiment! Comme dans les montagnes russes, mais sans l'envie de vomir!

À la fameuse soirée de danse du samedi soir, celle avec de la musique, du popcorn et de la liqueur, la sœur de mon *kick* est venue me voir. Là, elle m'a posé la question à un million de dollars: «Veux-tu sortir avec mon frère?» Mon ego n'endosse pas ce qui suit, mais je vous jure que j'ai répondu, du haut de l'innocence de mes huit ans: «Sortir... euh, oui, ok... mais pour aller où?»

Elle a ri. Puis, comprenant probablement par mon regard figé et mes sourcils en accents circonflexes qu'elle me perdait un peu plus à chaque seconde, elle m'a dit: «Je veux dire... Veux-tu que mon frère soit ton chum?» Ah, ok!

J'ai timidement dit oui, et c'est comme ça que je suis devenue la blonde de Billy. Pis ça a été pas mal ça. On a continué de se croiser et de se sourire jusqu'à la fin du camp, je pense même qu'une fois on s'est dirigés quelque part main dans la main, mais c'est tout.

C'était mon premier chum. J'aimais l'idée d'être avec lui... même si je ne l'étais finalement jamais réellement. Juste huit ans, et déjà amoureuse... de l'amour.

Et c'est ce qui a contribué à faire déraper la suite de mes amours impossibles ou improbables, ou les deux. Jeune, je voulais tellement être la blonde de quelqu'un que j'en ai carrément oublié l'importance du «quelqu'un» en question. Je voulais être dans une relation coûte que coûte, même si cette relation s'avérait plate en titi.

En gros, la marde commençait à prendre, et moi, j'étais contente.

Oh-oh! Vous avez *Billy* de Julie Masse dans la tête depuis le début de ce billet? Ha! ha! ha! Oups!

---

* Ok, oui, je l'avoue: la première fois, je me suis retournée pour voir à qui il souriait comme ça. Je fais encore ça aujourd'hui! En général, oui, effectivement, le gars regarde une fille derrière moi...

FUCK LE PRINCE CHARMANT

Est-ce que c'est la faute à Billy, aux contes de fées, au cinéma hollywoodien, à la société et à ses faux idéaux ou à ma grande naïveté? Depuis mon
premier chum, un de mes buts dans la vie a été d'avoir un chum. Un amoureux. Un quelqu'un qui m'aime plus spécialement que les autres. Comme si
c'était une condition sine qua non au bonheur. J'étais convaincue et désormais bien conditionnée : une femme ne devient réellement femme que
quand elle est la femme de quelqu'un.

Vers dix ou onze ans, ma vie se résumait donc à ceci : soit j'avais un
chum, soit j'en magasinais un. Dans le pire des cas, j'avais l'œil sur
quelqu'un. Et comme j'ai deux yeux, c'était pas rare que chacun était sur un
quelqu'un, ainsi j'en fixais deux à la fois. Mes critères pour avoir un *kick* sur
un gars à cette époque? Il fallait d'abord qu'il soit *cute*. Si en plus il savait
que j'existais, woot woot!, il se voyait automatiquement bombardé «gars
super *hot*». Évidemment, en vieillissant je suis devenue plus exigeante (ou
lucide?), alors les critères se sont accumulés pour devenir un genre de liste
d'épicerie... Ironiquement, la même maudite liste s'est mise à raccourcir
vers mes quarante ans. «Ok, y est pas obligé d'être super *cute*, mais ça
serait l'fun que j'aie pas envie de le "*blurrer*" sur nos photos de couple!»
Ahhh, le cycle de la vie!

En fait, la vie n'est pas que cyclique. Sur notre chemin souvent tortueux,
on s'enfarge dans un paquet d'objets de formes diverses. Parmi ces formes,
le triangle.

LE TRIANGLE AMOUREUX

On évolue tout au long de notre vie, même de notre vie amoureuse, et cette
évolution entraîne les critères de sélection en amour. J'appelle ça le
triangle amoureux. Je ne pense pas à celui où une des trois personnes doit
rentrer chez elle sur la pointe des pieds après l'acte. Non, je pense à ce
qu'on recherche chez l'autre, selon l'étape de vie où on est.

Tandis qu'on vieillit, nos critères se raffinent et se multiplient. Mais en
vieillissant encore plus, on devient moins exigeant. Plus c'est difficile,
moins on est demandant.

Quand j'y pense aujourd'hui, je me rends compte que toute jeune, et
pendant plusieurs années, j'ai été vraiment convaincue qu'avoir un chum
me rendrait heureuse, et donc qu'être célibataire était égal au malheur.
Comme si mon bonheur n'avait qu'un lointain rapport avec moi, mais tout à

12 ans	Célibataire + *cute*
16 ans	Célibataire + vraiment *cute*
20 ans	Célibataire + *cute* + $2/3$ intérêts communs
25 ans	Célibataire + *cute* + job + 5 intérêts communs
30 ans	Célibataire + *cute* + job + maison + pas d'enfants/veut des enfants
40 ans	Célibataire + pas laid + argent + $2/3$ intérêts communs
50 ans	Célibataire + pas trop laid + argent + intérêt commun
60 ans	Célibataire + intérêt commun
80 ans	Célibataire + vivant
90 ans	Vivant

voir avec l'autre. J'ai toujours attendu qu'un homme vienne faire mon bonheur, un peu comme la bonne fée dans Cendrillon, plutôt que de m'en charger moi-même. Et parlons-en, de Cendrillon! Un conte de fées pas à peu près: elle torche trois femmes désagréables habillée en guenilles, et pouf, une fée marraine apparaît, la fait habiller par les souris Airoldi, l'envoie au bal en citrouille pimpée, et v'là ti pas que ça finit qu'elle marie le prince. Juste ça. Ça donne presque le goût de faire le ménage! Presque.

Conditionnée et mitraillée à grands coups de Cendrillon, Blanche-Neige et autres demoiselles qui se font sauver par des gars, disons qu'il m'était facile de croire que le bonheur passait par là. Par l'homme.

Sauf que me v'là rendue à quarante et un ans. Et je me rends compte que la plupart des larmes, angoisses et dépressions qui ont ponctué ma vie étaient directement liées à mes relations (espérées ou réelles) avec des hommes.

Ça fait que Cendrillon, la prochaine fois, laisse faire le bal, pis va donc t'acheter du poison à rat. Pour les belles-sœurs et les souris.

MA PREMIÈRE LANGUE

Dans une vie amoureuse, il y a, du moins on l'espère, des baisers. Des petits becs *cutes*, des plus tendres et, bien entendu, des *french kisses*, avec la langue pis toute.

Je me souviens de mon premier *french kiss* comme si c'était hier. Pourtant... c'était en 1984! (Si vous n'avez aucun souvenir de 1984, imaginez Madonna en jeune poulette qui fait ses débuts. Oui, ça fait un méchant bout.)

Comme mon existence a commencé à tourner autour des gars un an avant ou à peu près, j'en rêvais presque à temps plein, de ce fameux premier *french kiss*. J'y pensais un peu comme on pense aux huîtres avant d'en avoir goûté: ça a l'air franchement dégueulasse, mais tout le monde a l'air d'aimer ça, faque nous aussi, on veut essayer!

Bien sûr, dans mon fantasme, c'était un moment rien de moins que magique. Ça se passait sur une plage avec un beau gars. On dansait un slow collés-collés ou, à tout le moins, dans une certaine intimité. Juste tous les deux, à se regarder dans les yeux pour finalement s'embrasser passionnément, il y avait même une trame sonore qui jouait dès que j'y pensais. Bon, ok, je l'avoue, dans ma tête ça allait se passer comme dans *La Boum*, avec Sophie Marceau. Si vous n'avez pas vu ce film, pensez à un couple qui s'embrasse, à des cœurs qui fondent et à des filles autour qui regardent et font «hoooooon», comme si c'était l'affaire la plus *cute* au monde, et vous avez tout compris.

La chute fut terrible. Moi pis mes rêves de grandeur, aussi!

Le jour où ma langue en a finalement rencontré une autre de très très très près, il pleuvait. Je m'en souviens parce que dans ce temps-là, quand il pleuvait, les surveillantes de mon école nous envoyaient passer la récréation dans l'amphithéâtre. Et devinez à quoi on jouait pour passer le temps? Non, pas aux devinettes. Non, pas aux charades. Non, pas au docteur, mais vous chauffez : on jouait à Vérité ou Conséquence*.

Quand on y pense, on se rend compte que ça ne prend pas grand-chose, quand on est jeune, pour s'amuser et s'émoustiller : une journée de pluie, un film d'horreur, une bouteille vide...

Je me rappelle plus ou moins le contexte ce jour-là, mais je me souviens qu'à un moment donné j'avais le choix entre trois conséquences du style :

— aller voir la surveillante et lui dire d'aller chier ;
— courir autour de l'amphithéâtre toute nue ;
— frencher Marc-André, dix tours de langue.

Parce que oui, les autres participants comptaient les tours de langue. (Notons ici au passage que les hormones se pointent pas mal plus tôt que le jugement chez l'être humain, et bien avant le concept d'intimité.)

Le Marc-André en question, il n'était pas laid. Le problème, c'est qu'il n'était pas beau non plus. Comme on disait dans ce temps-là : «Y est beau de loin, mais y est loin d'être beau.»

Il était ordinaire, qualificatif qu'on donne aux chips qui n'ont pas de saveur. Des chips ordinaires, c'est... ben, c'est ordinaire! Sauf qu'il y avait pire que lui, et ça, je le savais.

J'aurais pu tomber sur celui qui se racle la gorge à tout bout de champ pour cracher une substance verdâtre, ou sur l'autre qui s'amuse à tirer sur les attaches de soutien-gorge des filles en riant niaiseusement. Ça fait que je me suis dit que c'était un meilleur *deal* de *frencher* Marc-André que de m'humilier publiquement, de me faire coller une rencontre chez le directeur ou, pire encore, de trop attendre et de finir par mêler ma langue pour la première fois avec le gars qui crache vert. Donc j'ai choisi Marc-André.

Pas besoin de vous dire que je n'imaginais pas mon premier *french* comme ça : avec un gars qui ne me plaît pas, devant plein de monde, pas loin de filles qui chantent : «Un éléphant qui se balançait, sur une toile,

---

* Jeu tordu qui n'a en fait pour seul but que d'obliger les gens à faire des choses, qu'ils le veuillent ou pas. Un genre de mélange entre Jean dit et touche-pipi.

toile, toile, toile d'araignée» en tapant des mains, et de gars qui font des *jokes* de pets et de crottes de nez.

Mais bon, j'avais pas trop le choix. Et j'avais hâte de l'avoir fait, donc je l'ai fait. Je me suis penchée vers Marc-André, il s'est penché dans l'autre sens, on a ouvert nos bouches comme des poissons, on a rentré nos langues dans la bouche l'un de l'autre et on les a tournées au son de: «Un... deux... trois...»

Y a comme rien de moins romantique que ça pour un baiser, je pense... D'un autre côté, y a pas mieux comme premier baiser d'une longue série dans une vie amoureuse de marde. Ça fait que merci, Vérité ou Conséquence, t'as pas mis la barre trop haute.

Malgré ce *french kiss* aussi public que décevant, j'en ai eu des fantastiques, et je peux dire que je suis une fan finie de ce doux baiser. Quand j'ai découvert à quel point ça pouvait être agréable, je suis devenue une adepte pour la vie. En plus, je suis certaine que ça garde jeune! C'est pourquoi je suis de celles qui veulent sauvegarder la langue française tout autant que la langue qui *frenche*! À quand la loi 102 pour protéger la langue à baisers?

Paraît que quand on aime on a toujours vingt ans. Quand on *frenche*, on dirait qu'on a encore quatorze ans. À cet âge-là, on ne faisait que ça, parce que c'était là qu'on était rendus, et on y prenait un joyeux plaisir. Et ce plaisir, j'ai réussi à le conserver.

Quand j'ai rencontré mon ex-fiancé, un des moments qui m'ont le plus marquée, c'est quand on s'est embrassés pour la toute première fois. On a commencé à s'embrasser sur le coin de la rue pour se dire au revoir et on ne s'est pas lâchés pendant au moins deux heures. Le temps s'était arrêté. On *frenchait* à bouche que veux-tu. Comme deux ados. Et j'en ai apprécié chaque lichette, bec et coup de langue.

J'ai l'impression que l'art du *french kiss* est en train de se perdre et je trouve ça vraiment très triste. En ce qui me concerne, un gars qui ne sait pas m'embrasser n'aura jamais rien de plus de moi. Le baiser, c'est comme le test drive de la baise! Si le baiser est poche, la baise le sera probablement aussi.

C'est un si bel indice de la compatibilité entre deux personnes. À mes yeux, le *french* passe... ou je casse! (Oui, je sais... personne n'utilise l'expression «je casse» passé l'âge de douze ans, mais ça rimait.)

QUELQUES FAITS SUR LE FRENCH KISS
QUE VOUS NE CONNAISSIEZ PROBABLEMENT PAS

✳ La zone orale est une des principales zones érogènes du corps humain ; la langue est plus érogène que les lèvres. On s'en sert pour parler, pour goûter, pour faire des grimaces, pour lécher. La langue est bourrée de sens. Ça a du sens !

✳ La plupart des gens ont un souvenir beaucoup plus vif de leur premier *french kiss* que de leur première relation sexuelle. (Donc, mettez toute l'attention du monde dans votre premier baiser... si vous voulez vous rendre plus loin !)

✳ Dans le *Petit Robert 2014*, on traduit *french kissing* par le verbe «galocher». (Dans mon livre à moi, toutes époques de la vie confondues, c'est *turn-off* en titi de dire ça. N'adoptez pas ce terme, par pitié. En plus, «J'aimerais ça, te galocher», ça sonne limite violent.)

✳ Vous avez probablement déjà entendu dire que le muscle le plus puissant du corps humain est la langue, mais c'est faux ; la langue n'est pas un muscle, mais plutôt un organe composé de dix-sept muscles différents. (Vous me croyez pas ? Essayez de lever votre classeur avec la langue, pour voir. Si vous y arrivez... je suis impressionnée ! Songez à une carrière au cirque.)

✳ Le record du baiser le plus long est de 58 heures, 35 minutes, 58 secondes. C'est un couple de Thaïlandais qui s'est collé les lèvres pour un aussi long baiser, en février 2013. (L'expression «avoir la langue à terre» doit venir de là...)

✳ On appelle le baiser avec la langue *french kiss* parce qu'au début du XXᵉ siècle, les Français avaient la réputation d'être des amants passionnés et aventureux. (On n'est pas cousins pour rien...)

✳ En moyenne, un être humain embrasse durant 336 heures au cours de sa vie, soit l'équivalent de 14 jours ! (Si vous craignez de ne pas avoir atteint ce quota, ne vous en faites pas : je suis là pour rééquilibrer les choses.)

✳ C'est en 1927 qu'on voyait le tout premier long baiser sur grand écran dans le film *La chair et le diable*, mettant en vedette Greta Garbo et John Gilbert. Les gens étaient scandalisés au plus haut point. (Une chance que Miley Cyrus ou Madonna n'étaient pas dans le film, le public n'aurait pas survécu.)

LES VERTUS DU *FRENCH KISS*

✳ Le baiser est bénéfique pour la peau et les dents, et fait briller les yeux. (Mais si on regarde la face des adolescents, j'avoue que celle-là est difficile à croire...)

✳ Le baiser est relaxant. Il permet de libérer de l'ocytocine, une hormone qui fait baisser la tension artérielle et ralentir le rythme cardiaque, en plus d'accentuer la sécrétion d'endorphines, les hormones du bien-être. (Bien entendu, on parle ici d'un baiser agréable. Un baiser poche peut faire monter le dégoût et lever le cœur.)

✳ Selon certaines recherches, s'embrasser sur la bouche serait un moyen de vérifier si on est génétiquement compatible avec son partenaire. (Comme lorsque votre ADN vous crie: «Arrête! Dégueu! Nooooooon!»)

LES ENNEMIS DU *FRENCH KISS*

Un *french kiss* requiert la compatibilité des deux personnes qui décident de s'explorer la langue et la luette, c'est certain. Mais certains éléments peuvent aussi ruiner ce merveilleux échange de fluide buccal, par exemple:

✳ un surplus de salive (ouache!);

✳ des broches (si les deux en portent, ils risquent de fusionner un peu trop);

✳ des mouvements désynchronisés ou imposés;

✳ la mauvaise haleine (re-ouache).

ALORS DE GRÂCE, POUR LE RESPECT DE LA LANGUE...

* Un *french kiss*, c'est deux langues qui se parlent sans émettre un mot, et dans une discussion, c'est important d'écouter l'autre. Si quelqu'un est sur la piste à danser un tango, vous n'irez pas vous mettre à côté pour vous lancer dans une Macarena en lui faisant des clins d'œil, *right*? Même chose avec les baisers. Il faut trouver le rythme qui convient aux deux.

* Fermez les yeux! Quand on coupe un sens, on active davantage les autres. Les yeux fermés, vous constaterez que votre bouche sera encore plus attentive. Si l'autre s'inquiète («Tu ne me regardes pas quand tu m'embrasses?»), allez-y d'un: «C'est pour mieux sentir ce que me dit ta bouche.»

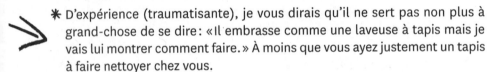

* D'expérience (traumatisante), je vous dirais qu'il ne sert pas non plus à grand-chose de se dire: «Il embrasse comme une laveuse à tapis mais je vais lui montrer comment faire.» À moins que vous ayez justement un tapis à faire nettoyer chez vous.

* Et n'oubliez jamais qu'un baiser, c'est souvent le premier pas d'une histoire romantique. Arrangez-vous pour ne pas vous enfarger!

AVEZ-VOUS BESOIN DE ROMANTISME DANS VOTRE VIE ?

Pour moi, une belle séance de french kiss langoureux au coin de la rue est une des façons de vivre le romantisme dans un couple. Mais il y a autant de sortes de romantisme qu'il y a de sortes de relations. Ce test a pour but de vous aider à déterminer votre niveau de romantisme à vous. À quel point avez-vous besoin de romantisme dans votre vie? À NOTER : ce billet est plus spécifiquement destiné aux femmes, mais moi, être un homme, je m'inspirerais de quelques idées ci-dessous. Aussi, PVI, on est toutes d'accord: un gars qui fait sa part dans la maison sans chialer, on trouve ça pas mal hot!

Il va sans dire que si vous trouvez ça cave, le romantisme, sautez ce test. Si, pour vous, être romantique signifie être trop fifille, c'est correct, on vous respecte! Mais vraiment, ignorez ce questionnaire.

1- Pour vous, la soirée romantique parfaite, c'est:
   a) celle qui est prévue depuis des mois (une occasion prédéterminée).
   b) celle qui est spontanée et pleine de surprises.
   c) celle durant laquelle je me sens plus importante que le téléphone intelligent de mon compagnon.
   d) peu importe, tant qu'on est ensemble (et qu'il ne rote pas trop fort).

2- Pour moi, la demande en mariage parfaite, ce serait:
   a) découvrir une bague au fond d'une coupe de vin au restaurant.
   b) qu'on me dédie un gros *flash mob* qui réunit en chanson et en danse ma famille, mes amis et mes collègues.
   c) me faire dire n'importe quelle phrase qui finit par «veux-tu m'épouser» et qui a l'air sincère.
   d) peu importe, la réponse c'est non.

3- Vous aimez entendre «je t'aime»:
   a) le moins souvent possible, ça me met mal l'aise.
   b) oui, mais je préfère qu'on me montre qu'on m'aime par des actions (on veut pas le sawoir, on veut le woère).
   c) dans les petits moments magiques (pas besoin d'être souvent si c'est sincère).
   d) tous les jours.

4- Si vous aviez le choix, vous préféreriez:
   a) que votre homme joue au cuisinier pour une soirée (qu'il cuisine bien ou non).
   b) manger des ailes de poulet en regardant la *game*.
   c) faire un pique-nique sur le bord de l'eau.
   d) souper dans un beau restaurant.

5- Vous préférez:
   a) dormir collés en cuillère.
   b) baiser comme des bêtes.
   c) faire l'amour tendrement.
   d) dormir huit heures d'affilée sans vous faire voler les couvertures.

6- Quelle est la phrase que vous aimez le plus entendre?
   a) «Tu me manques!»
   b) «Je ne peux pas vivre sans toi!»
   c) «Je t'aime!»
   d) «J'pars au golf avec mes chums.»

7- Le parfait voyage en amoureux, c'est:
   a) en camping avec deux couples d'amis.
   b) une fin de semaine ensemble n'importe où, juste nous deux.
   c) une semaine dans un tout-inclus! Woo-hoo!
   d) Venise, en gondole.

8- Après avoir fait l'amour, vous:
   a) parlez pendant des heures (que tu me parles de comment et combien tu m'aimes).
   b) faites l'amour une deuxième fois.
   c) vous endormez collés, collés.
   d) l'écoutez ronfler en vous demandant si vous avez assez d'énergie pour aller vous finir à la main dans la salle de bain.

9- La pire phrase que votre amoureux pourrait vous dire:
   a) «Je pense que je ne suis plus amoureux de toi.»
   b) «Épile-toi donc la moustache.»
   c) «Je te quitte pour une autre (je vais l'épouser, elle est enceinte, etc).»
   d) «Je ne t'ai jamais réellement aimée.»

10-La chanson qui vient le plus vous chercher «en dedans»:
- a) Bruno Mars: *I'd Catch A Grenade for You*.
- b) Def Leppard: *Pour Some Sugar On Me*.
- c) Jason Mraz: *I'm Yours*.
- d) Vincent Vallières: *On va s'aimer encore*.

11- Si vous aviez le choix, vous partiriez avec:
- a) Martin Matte dans *Les beaux malaises*.
- b) Ryan Gosling dans *Crazy Stupid Love*.
- c) Roy Dupuis dans *Les filles de Caleb*.
- d) Robert Downey Jr dans *Ironman*.

Haha! Maintenant, on vous fait faire des maths!
Additionnez vos résultats comme suit:

1: a) 3 b) 2 c) 0 d) 1	5: a) 3 b) 2 c) 1 d) 0	9: a) 2 b) 0 c) 3 d) 1
2: a) 2 b) 3 c) 1 d) 0	6: a) 2 b) 1 c) 3 d) 0	10: a) 3 b) 0 c) 2 d) 1
3: a) 0 b) 2 c) 1 d) 3	7: a) 0 b) 1 c) 2 d) 3	11: a) 0 b) 2 c) 1 d) 3
4: a) 1 b) 0 c) 3 d) 2	8: a) 3 b) 2 c) 1 d) 0	

RÉSULTATS:

27-33 points: Je vis dans un film de filles vraiment, vraiment beaucoup. Viens me chercher sur un cheval blanc, puis protège-moi des méchants, ô preux chevalier!

20-26 points: Je vis dans la vie réelle, mais je suis positive et je fais tout pour mordre dedans. J'aime parfois les gros gestes romantiques un peu clichés. On a ben l'droit!

15-19 points: Le juste milieu. Pas des plus romantiques, mais pas contre l'idée non plus. On sait avoir du fun mais aussi sentir les roses qu'on nous donne!!

9-14 points: Je vis ma vie comme tout l'monde, tsé, on fait ce qu'on peut avec ce qu'on a.

1-8 points: J'ai pas le romantisme dans le corps, mais peut-être un peu dans mon petit orteil.

0 point: Allô? On te l'a dit, de ne pas faire le quiz! Tu le sais que t'es zéro romantique, voyons! Passe-moi une aile de poulet.

SINGLE LADY

J'ai quarante et un ans, j'ai deux enfants et je suis très *single*. Pas comme les Singles de Kraft. Plus *single* de *crap*.

Depuis toute petite, je voulais des enfants. J'en ai eu, et j'en suis plus que comblée. Mais je suis aussi de celles qui veulent vivre en couple dans l'harmonie. Le problème, c'est que jusqu'à maintenant, j'ai beau aspirer à ça, on dirait bien que j'y arrive pas. J'ignore pourquoi, mais dans ma vie, bonheur et vie de couple n'ont jamais rimé bien longtemps ensemble.

Le plus longtemps que j'ai réussi à rester en couple c'est cinq ans, et chaque fois, c'était avec le papa d'un de mes enfants. Comme j'ai deux enfants avec deux hommes différents, mon record c'est cinq ans fois deux, et non, apparemment ça ne donne pas dix ans.

J'ai tenté deux fois de faire ma vie de couple et de famille avec quelqu'un, et chaque fois, j'ai dû me rendre à l'évidence : ce n'est pas parce qu'on a un enfant, une adresse, une TV et un set de cuisine ensemble qu'on est faits pour vivre ensemble. Et comme le dit si souvent ma mère, le malheur, c'est en option. Donc, avant d'être malheureuse ou, à tout le moins, pas heureuse, j'ai mis fin à mes beaux rêves et je suis passée à un autre chapitre de ma vie.

Je n'évoque jamais les papas de mes enfants dans mes récits pour une raison bien simple : ce sont des relations qui se sont terminées pour des raisons que nous connaissons, nous, mais ce n'étaient pas des relations «de marde» et, surtout, elles m'ont donné les deux plus belles et plus grandes histoires d'amour de toute ma vie, Robin et Alicia.

Mais avant et après ces relations-là, j'ai eu droit à des histoires assez incroyables. Certaines de moyenne à longue durée, certaines plus courtes, et certaines... de quelques heures. Les rencontres entrant dans cette dernière catégorie sont communément appelées «*dates*», et j'en ai eu plus que mon lot (ou mon char).

Il y a autant de sortes de rendez-vous qu'il y a de personnes ou presque, mais il y en a qu'on aurait préféré ne jamais avoir à subir. Ils sont trop nombreux pour que je les compte, mais je vous propose de m'accompagner dans quelques épisodes de rendez-vous de marde légendaires.

AVERTISSEMENT : ces histoires ont été vécues par une désormais pro du célibat, sur un circuit de *dating* pas assez fermé à son goût. À ne pas reproduire à la maison.

UN PETIT *french* POUR LA ROUTE ?

Ça doit faire cinq ou six ans. Ce gars-là et moi, après avoir un peu discuté par l'entremise d'un site de rencontres, on s'était finalement donné rendez-vous dans un resto du centre-ville. Jusque-là, il me plaisait bien. Je ne me serais pas rendue jusqu'à la portion rendez-vous sinon... Y a des filles qui feraient tout pour un souper gratuit, ou juste pour le plaisir de voir un gars fondre devant elles pour ensuite l'abandonner et le laisser rentrer bredouille, mais pas moi.

Comme toute fille avant un rendez-vous, je me suis (presque *over*) préparée. On ne va pas à un rendez-vous comme on va acheter du lait. On se douche, on se coiffe, on se maquille, on s'habille. Puis on se change. Et on se rechange. Et on fait ça encore six ou sept fois pour généralement finir par remettre ce qu'on avait choisi en premier.

Bref, j'avais mis un peu d'effort, la première impression c'est important, et se sentir belle aussi. Il paraît même que le plus bel accessoire qu'une fille peut porter, c'est la confiance en soi. Ou est-ce que c'est le sourire? Je sais plus, mais un truc comme ça. Parce qu'on est toutes belles, même les pas belles.

Bref, je suis *cute*, je sens bon, j'arrive. Comme il n'y a presque personne dans le resto, je le vois tout de suite. Il est assis presque au fond de la salle et il lit un journal, qu'il a devant le visage. Quand il sent ma présence, il baisse un peu son journal, me voit, me lance une espèce de regard entendu: «Ah, c'est toi!» Et relève son journal pour continuer à lire. Parce que oui, monsieur décide que les quatre secondes et demie qu'il me faut pour me rendre jusqu'à lui, il va les investir dans la lecture de son journal.

Les gars, un conseil: quand une fille vous rencontre, elle veut avoir un ti peu l'impression que vous la trouvez assez belle pour lâcher votre journal ou votre téléphone. En fait non, je vais être honnête. Quand une femme rencontre un homme, elle a envie de sentir qu'elle est la plus belle personne dans la pièce. Qu'il n'a d'yeux que pour elle. Ça fait que ayez l'air ébloui, et vous venez de gagner trois morceaux de robot d'un coup. Et non, lui fixer les seins et le cul en bavant, ça ne compte pas pour de l'éblouissement.

Donc, même si l'idée de virer de bord m'a sincèrement traversé l'esprit, je me suis dit que j'allais au moins m'asseoir devant le candidat. À peine cinq minutes et son attitude me tombait déjà sur les nerfs. Ce gars-là avait un fan club. Il en était le président, le fondateur et tous les membres à la fois. Si j'avais compté le nombre de fois qu'il a dit «moi» pendant notre conversation… ben j'aurais rien pu faire d'autre parce que ce serait devenu une job à temps plein.

J'avais commandé un truc léger à manger pour l'accompagner. Au moment de payer (enfin), je me rends compte qu'il me manque environ un dollar (sur une facture de huit ou neuf dollars) pour laisser un pourboire convenable et que je n'ai pas ma carte de guichet. Quand je le lui dis, il me répond: «Ben, tu dois ben avoir une carte de crédit!»

Wow. Même pas capable de me filer une piasse. Ça promet.

On finit par *wrapper* ça, cette petite *date*-là, il me raccompagne à ma voiture, je lui dis poliment au revoir et lui, pas poliment du tout, essaie de m'embrasser, ou plutôt de violer ma bouche avec sa langue. Je le repousse, et là il me regarde et dit: «Ben quoi, un p'tit *french* avant de partir?»

J'étais estomaquée. Comme ma répartie n'est jamais bien loin, j'ai répondu: «J'arrive et tu lèves à peine les yeux de ton journal. La conversation a tourné autour de toi et de toi-même. T'as même pas daigné me filer un dollar. Alors non, pas de petit *french* avant de partir.»

Je suis montée dans ma voiture et je suis partie.

Le lendemain, j'avais un message de sa part qui disait en gros: «Ostie de grosse frustrée, pis t'es même pas belle.»

Tsé, quand tu dis charmant!

LE RÈGLEMENT DE « COMPTES »

Comme bien trop souvent dans mon cas, j'ai rencontré cet homme par l'entremise d'un site Internet. Comme on se plaisait mutuellement (lire : nos photos ne nous faisaient pas peur, nos échanges écrits non plus), on s'est donné rendez-vous dans un restaurant que j'aime beaucoup, un «Apportez votre vin», formule que j'apprécie particulièrement ; déjà que la *date* peut être longue, si en plus il faut que je paye trente dollars en vin pour me calmer les petits nerfs, c'est une *lose-lose* situation.

On n'avait pas spécifié qui apportait le vin, on est donc arrivés tous les deux avec une bouteille. On se rencontre, on se fait la bise, on se regarde et on se scrute sans que ça paraisse trop. On s'assoit, on met nos bouteilles sur la table, puis il prend la mienne dans ses mains, la regarde et dit : «Hum... je connais, pas extra. On prend le mien, y est ben meilleur.» Et il me tend ma bouteille. Il avait peut-être raison, mais il me semble que sa façon de faire n'était pas super délicate... Mais bon, j'essaie de ne pas trop m'en faire avec ça. Je suis la guerrière de la *date*, après tout ! *Go go go !*

On regarde le menu, on commande et on jase. La discussion est correcte, sans plus. Comme dans un party de bureau à Noël. Y a du monde avec qui on jase parce qu'on est là et qu'on n'a pas trop le choix, mais si on l'avait, on ne parlerait pas spontanément à ces gens-là parce qu'à part travailler à la même place, on n'a pas grand-chose en commun avec eux finalement. Pareil avec ma *date*. Il n'est pas méchant, mais pas super agréable de mon point de vue non plus. Il chiale un peu sur la bouffe, un peu sur le service, soupire souvent, rien n'est jamais assez bon pour lui. J'ai l'impression de sortir avec le gars qui donne les étoiles dans le *Guide Michelin*. Mais ça pourrait être pire, et je le sais fort bien. Faque je *tough* la *run*.

Et là, arrive la fin du repas. Le serveur demande : «Je fais une ou deux factures ?» Mon soupirant répond deux, et ça, ça me va parfaitement. Tu paies ton truc, je paie le mien, *fair is fair.*

Si le gars insiste pour payer, parfois je le laisse faire aussi, y a des gars que ça froisse si on ne les laisse pas faire, et j'aime bien ce côté galant. Mais pas quand ça sent «Tu me revaudras ça... plus tard...» avec un p'tit clin d'œil. Ça, c'est juste non.

Donc je prends mon sac pour sortir mon portefeuille, et là mon sang se glace. Je cherche, je cherche, je n'ai pas mon portefeuille. La dernière fois que ça m'est arrivé, ça doit bien faire dix ans. C'est tellement rushant comme situation que je fais toujours super attention. Je m'assure d'avoir mes clés, mon portefeuille, toujours. Et là je ne l'ai pas. Je capote. Je dis :

«Euh... C'est terriblement gênant, y a des lustres que ça ne m'est pas arrivé, mais... je n'ai pas mon portefeuille!»

Il me regarde, étonné, et... pousse un grand soupir. Ce n'est plus mon soupirant, c'est mon soupireux. Je lui répète que je suis VRAIMENT mal à l'aise, que je m'excuse, en même temps je cherche mentalement une solution, mais je n'en trouve pas. Je suis à au moins vingt-cinq minutes en voiture de chez moi, je ne sais même pas où est mon portefeuille, probablement sur ma table de cuisine, mais j'en suis pas cent pour cent certaine. Et là il me dit: «Tu sais, je trouve ça un peu *cheap*. Si tu ne veux pas payer pour ton souper, faut pas proposer d'aller au restaurant. Non, mais le coup du portefeuille oublié, vraiment?»

Je suis pétrifiée.

Je veux mourir de honte. Là. Tout de suite. Mais je ne meurs pas.

Shit.

Je lui demande de payer en lui promettant que je lui enverrai un chèque. Je lui explique que comme il a mon numéro de téléphone, mon courriel, mon nom complet, que j'ai un blogue et que je suis *all over the Web*, bâtard (j'ai pas dit bâtard, mais je l'ai pensé), c'est pas comme si j'essayais de me sauver sans payer, il va pouvoir me retrouver! Bref, je nage, je patine, je patauge, il paye avec un autre soupir (il en fait une collection). Son regard indique clairement sa pensée: «Je me fais vraiment fourrer moi, hein.»

On se laisse, je lui dis de m'envoyer son adresse postale par courriel dès son arrivée, je suis vraiment, mais vraiment malheureuse. Parce que je n'avais pas le goût de le revoir. Et là je suis dans la pire situation possible: je lui dois quelque chose. Et en plus, je suis gênée et humiliée.

Le lendemain, j'avais un courriel de sa part, avec son adresse et un petit mot: «En passant, tu rajouteras sept dollars pour la moitié de la bouteille de vin svp.»

Oui, pour vrai. Ça fait que j'ai rajouté les sept dollars et j'ai envoyé le chèque.

Environ une semaine plus tard, j'ai reçu un courriel de lui:

«Salut! J'ai bien reçu le chèque. Merci.

On se revoit quand?»

Hum... la semaine du jamais dans cent ans, es-tu libre?

LES DIX COMMANDEMENTS DU PREMIER RENDEZ-VOUS

Quand on se met en mode *dating* ou rencontre de prétendants, le premier rendez-vous est le plus redouté, mais aussi le plus déterminant. L'expression « les premiers seront les derniers » s'applique aussi très bien aux rendez-vous ratés.

Voici donc un petit aide-mémoire pour vous aider à mettre toutes les chances de votre côté, à relire chaque fois qu'on décide d'envoyer son cœur à la rencontre d'un autre.

Et ça s'applique à l'autre aussi! Si la personne que vous allez rejoindre n'arrive pas à suivre la moitié des commandements ci-dessous, ça peut vous donner un bon indice sur l'intérêt qu'elle porte à votre rencontre...

AVERTISSEMENT: ces commandements ne s'appliquent pas à la quête d'une relation d'un soir. Si vous n'espérez qu'un *one-night stand*, consultez la page 101 pour les conseils qui s'y rattachent, et n'oubliez pas qu'un seul commandement domine tous les autres: protégez-vous. Un condom ne vous coûtera jamais aussi cher qu'un mois d'antibiotiques ou dix-huit ans de pension alimentaire.

1. EN RETARD TU NE SERAS POINT.

Être *fashionably late*, ça n'est jamais approprié dans les rendez-vous de ce type. On n'a qu'une seule chance de faire une bonne première impression, et faire attendre quelqu'un, ça n'envoie que des messages négatifs comme « Je ne suis pas ponctuel(le) », « Je considère mon temps comme plus important que le tien », « J'ai pas été élevé, j'ai été garroché ».

Visez l'heure juste, ou même mieux, arrivez quelques minutes avant! Ça vous donnera le temps de vous installer et d'avoir un stress de moins dans la tête. Vous êtes probablement déjà assez occupé à vous demander « J'suis-tu correct(e)? » ou « J'espère que j'ai rien de pris entre les dents », vous n'avez pas besoin de vous demander si vous serez à l'heure en plus.

Si vous êtes en retard pour des raisons qui sont hors de votre contrôle, appelez ou envoyez un message texte, c'est la moindre des choses, et ça vous évitera peut-être aussi un air bête à votre arrivée.

2. TON TÉLÉPHONE TU ÉTEINDRAS.

Lors d'un rendez-vous, vous devez vous rendre disponible à la personne devant vous et lui démontrer votre intérêt pour ce qu'elle dit et pour ce qu'elle est. Éteignez la sonnerie de votre cellulaire et rangez-le loin de vous, pour éviter de le regarder sans raison ou de l'entendre vibrer chaque fois que quelqu'un vous texte ou vous *tag* dans une photo. On a beau être pas mal tous accros aux textos et aux réseaux sociaux, il y a des moments où il faut se concentrer et se connecter avec la personne devant soi plutôt qu'avec le *wi-fi* le plus proche. Si vous tenez à voir ce que vous êtes en train de manquer, faites-le quand vous serez au petit coin. Si vous devez prendre un appel urgent, faites-le rapidement et signifiez à la personne à l'autre bout du fil que vous êtes occupé(e). En le faisant, vous êtes aussi en train de dire à la personne devant vous : « C'est toi ma priorité en ce moment. » Et ça, croyez-moi, c'est des points bonis, surtout si c'est vrai.

3. HABILLÉ(E) COMME POUR FAIRE HONTE À TA MÈRE TU NE SERAS PAS.

Pour les filles : oui on se met belle, mais on ne mise pas que sur la hauteur de la jupe ou la descente du décolleté. Pareil pour le maquillage. Vaut mieux souligner ses traits et sentir bon qu'avoir l'air d'une fille qui s'en va aux Oscars ou travailler Chez Parée. Oui, les hommes aiment les femmes soignées et coquettes, mais ils ne veulent pas non plus avoir l'impression qu'ils ne sont pas assez *hot* pour vous, ni que tout le monde vous regarde et qu'ils ne sont qu'un spectateur parmi tant d'autres. La séduction, c'est l'art de suggérer et non de montrer. Pensez aux bandes-annonces des films ! Celles qui vous montrent presque tout vous font dire : « Ben là, à quoi bon aller voir le film, j'ai tout vu ! », alors que celles qui vous en montrent juste assez vous font plutôt penser : « Hum, ça a l'air vraiment bien, j'ai envie d'en voir plus ! » En misant trop sur ses attributs physiques, ce que l'on envoie comme message, c'est que c'est ce qu'on a à offrir de mieux.

Pour les gars : évidemment, on commence avec la base : on met des sous-vêtements propres.

Bon, je blague, mais pas tant que ça. Faut se mettre beau et montrer qu'on est sortable. Si vous avez l'air d'arriver directement du gym ou d'être allé poser les pneus d'hiver de votre belle-sœur, ça n'envoie pas le meilleur message. Ce qu'on veut montrer, c'est qu'on a fait un minimum d'effort pour plaire.

À l'inverse, il ne faut pas exagérer avec l'eau de Cologne et l'*after-shave* non plus. Quand ça sent subtilement bon, une femme a envie d'aller sentir de plus près, alors que quand ça sent trop fort elle a envie de se tenir loin. Pensez-y !

Pour tout le monde : si vous appréciez la personne et espérez la revoir, vous n'avez pas envie qu'elle se dise : « Si je l'emmène chez ma mère habillée comme ça, elle va faire une syncope ou me déshériter!» Habillez-vous comme pour aller prendre un verre entre ami(e)s, pas comme pour aller dans un club après avoir passé des mois sans toucher un autre être humain.

4. DE TON EX TU NE PARLERAS POINT.

On le sait que vous avez un ex, tout le monde a un(e) ex, mais c'est tellement pas le moment d'en parler. Ça donne soit l'idée qu'il (elle) est encore dans votre tête ou, encore plus terrifiant, dans votre cœur, et ça commence mal. Dans un rendez-vous, on est un peu en train de faire des tests sur le présent et le futur avec une nouvelle personne. Alors, à moins que ce ne soit réellement pertinent dans la conversation, laissez l'ex là où il est supposé être: dans le passé.

Votre vie

le passé   *vous êtes ici*   le futur

Faut-il spécifier que de parler de ses ex de façon négative, c'est comme essayer d'attirer des mouches avec de l'eau de Javel? Des phrases qui commencent par «Mon estie de crétin d'ex» ou «Ma crisse de folle d'ex blonde», ça fait juste penser: «Ok, ça fait que mettons que toi et moi on sort ensemble, si un jour ça marche plus, c'est comme ça que tu vas parler de moi?»

N'oubliez pas que si cette personne est votre ex, c'est que vous lui avez déjà trouvé des qualités, et que vous l'avez déjà *datée* pour une première fois aussi!

5. DES PROJETS COMMUNS, TU NE FERAS PAS.

On lâche le passé, oui, mais on ne plonge pas tête première dans le futur en troisième vitesse non plus! Soyez donc dans le moment présent. Il est prématuré de dire des choses comme: «Cet été, je pensais aller en camping, aimes-tu ça, la nature, toi?» ou: «J'ai une amie qui se marie dans deux mois et je n'ai personne pour m'accompagner...» Même si c'est plein de bonnes intentions, ce n'est pas le moment. Parler d'un futur commun trop tôt, ça fait peur, ça fait un peu désespéré, et ça fait surtout que vous n'êtes pas là, vous êtes là-bas. Revenez. Vous n'êtes ni avant, ni après. Vous êtes là. Ici et maintenant.

6. DES PHOTOS DE TES ENFANTS TU NE MONTRERAS PAS.

Si vous avez des enfants, c'est certain que vous les avez à l'esprit très souvent (surtout s'ils vous attendent dans l'auto), mais au cours d'un rendez-vous qui se veut romantique, pas besoin de les mettre constamment dans la tête de l'autre. C'est déjà toute une entreprise d'être face à un étranger, pas besoin de ramener les autres êtres de son existence à tout moment sur la table. Ça peut faire peur, ça peut aussi être ennuyant, particulièrement pour quelqu'un qui n'a pas d'enfant. Je ne dis pas qu'il faut masquer le fait qu'on a des enfants, mais gardez ça pour un autre moment, à moins que l'autre ne vous en parle. Et encore là, répondez à ses questions, puis ramenez-le sur le sujet le plus important: vous deux.

7. DE FAIRE DES ALLUSIONS SEXUELLES TU T'ABSTIENDRAS.

C'est possible que vous en soyez à votre première *date* depuis un bout et que la personne qui se trouve devant vous vous plaise beaucoup. Eh oui, ça se peut que vous ayez des images sexuelles plein la tête, et peut-être même plein le pantalon. Mais gardez-vous une petite gêne! Le désir, c'est quelque chose qui se cultive et doit prendre naturellement de l'ampleur. Et n'oubliez pas qu'une part de mystère n'a jamais fait de mal à personne. Des allusions trop crues et des malaises, à l'opposé, peuvent anéantir toutes vos chances de réussite!

Alors, on évite les «En tout cas, j'te regarde, pis j'te ferais pas mal!» et on remplace ça par: «T'es encore plus *cute* que sur ta photo!»

8. DE TA MÈRE TU NE PARLERAS PAS.

Que vous l'aimiez tout plein ou que vous l'enduriez juste parce que vous êtes de la même famille, votre mère ne devrait pas être un sujet de conversation récurrent lors d'un premier rendez-vous (et même lors des deux ou trois qui suivront!). Parler de votre mère, ça donne une impression d'immaturité peu séduisante, et c'est tout sauf pertinent lors d'une *date*. Est-ce que vous auriez demandé à votre mère de vous accompagner à ce rendez-vous? Bien sûr que non. (Si vous avez répondu oui, ce n'est pas un livre et des conseils qu'il vous faut, c'est une psychanalyse.)

9. DE PAYER TU N'OUBLIERAS PAS.

Il y a encore des hommes qui tiennent à payer pour la femme lors d'un rendez-vous et c'est très galant, merci messieurs. Mais idéalement, chacun devrait payer pour soi lors d'une première rencontre. Comme ça, on évite les situations où l'un a l'impression de devoir quelque chose à l'autre, ainsi que les discussions sur l'égalité hommes-femmes, etc. Apportez de l'argent comptant (au cas où vous tomberiez sur les trois ou quatre commerces moyenâgeux qui n'acceptent toujours pas les paiements par carte) et payez pour vous-même. En mode séduction, les bons comptes font les bonnes rencontres.

10. À LA FIN DU RENDEZ-VOUS, CHEZ TOI TU RENTRERAS.

Là-dessus, les opinions divergent, mais je persiste à croire qu'un premier rendez-vous devrait se finir chacun chez soi. Même si vous avez passé une soirée exceptionnelle, vous lancer dans le lit (ou sur le comptoir de cuisine) de l'autre ne vous aidera pas à vous démarquer du lot et pourrait même vous nuire à long terme. Même si envie, hormones et désir sont au rendez-vous, rappelez-vous que quelqu'un qui vous plaît aura envie de vous revoir si vous lui plaisez aussi. Si vous avez l'impression que vous abstenir de passer à l'acte met en jeu vos chances de vous revoir, raison de plus pour rentrer chez vous tout(e) seul(e)!

Au pire, *frenchez* comme des adolescents et allez finir ça chacun dans son lit avec son imagination, mais ne vous donnez pas tout entier le premier soir. On garde ses petites culottes, autant que possible.

CONSEILS POST-PREMIÈRE *DATE*

À la suite d'un premier rendez-vous, il peut arriver deux choses: vous avez envie de vous revoir, ou vous n'avez pas envie de vous revoir. Dans les deux cas, c'est un minimum que de donner des nouvelles claires à l'autre le lendemain. Si on a envie de se revoir, on le signifie! Un petit «Merci pour la belle soirée, c'était très agréable et ça me dirait de remettre ça, et toi?» est tout à fait correct, et tellement pas forçant.

Messieurs: les filles aiment ça avoir du *feedback* (surtout si c'est positif!). Alors, n'hésitez pas à donner des nouvelles assez rapidement, c'est des points bonis, croyez-moi.

Mesdames: on est toutes un peu impatientes en amour, mais de grâce, ne virez pas folle parce que votre dernier rendez-vous n'a pas donné de nouvelles dans les douze heures. Et on ne passe pas sa vie assise sur son téléphone à attendre non plus! N'oubliez pas qu'en amour, les hommes sont généralement moins crinqués que nous. Si le mec du moment ne donne pas signe de vie tout de suite, ça signifie pas nécessairement qu'il n'est pas intéressé. Ça peut simplement vouloir dire qu'il ne pense juste pas à ça immédiatement après la *date*.

Si l'autre nous intéresse mais que notre sentiment n'est pas réciproque, on fait quoi? C'est décevant, c'est certain, mais on ne fait rien. Ça arrive, c'est la vie, on passe à un autre appel, il n'y a rien d'autre à faire. Pas besoin d'insulter l'autre, de se montrer désagréable avec lui ou avec elle. Personne n'aime se faire rejeter. Mais vous n'auriez certainement pas continué à investir temps et énergie sur quelqu'un qui n'est pas intéressé à avoir une relation avec vous, n'est-ce pas? C'est toujours mieux que les choses soient claires.

Alors on dit à l'enfant en soi d'aller faire la baboune dans sa chambre, on met ses culottes d'adulte, on dit à l'autre qu'on comprend et on lui souhaite bonne chance. Ça s'appelle «avoir du savoir-vivre».

Et si on n'a aucun retour trois ou quatre jours après le rendez-vous, même après avoir tendu la perche à l'autre? On se dit: «Pas de nouvelles, bonnes nouvelles!» Oui, oui! La bonne nouvelle: vous ne perdrez pas une minute de plus avec quelqu'un qui n'en a même pas deux à vous accorder!

COMMENT METTRE FIN À UN RENDEZ-VOUS DONT ON VEUT SE SORTIR AU P.S. ?

Suffit d'aller à quelques rendez-vous pour réaliser que parfois, après seulement cinq secondes, c'est réglé dans votre tête : vous savez que ce premier rendez-vous avec cette personne sera aussi votre dernier. Jamais facile ni agréable (à moins d'être méchant dans ses temps libres) de mettre fin à un rendez-vous, surtout si on a l'impression que l'autre est bel et bien intéressé.

Voici donc quelques suggestions pour vous aider à accélérer le processus, si la phrase qui sonne comme une alarme dans votre cerveau ressemble à : « Au secours ! Vivement que je sacre mon camp d'ici et que je rentre chez moi !! »

Comme les deux sexes n'ont pas les mêmes zones sensibles sur le corps ni dans la tête, je vous propose des moyens de *flusher* les gars et de *flusher* les filles*.

Bien entendu, quand il s'agit de *flusher* quelqu'un, on commence par essayer d'y aller doucement, avec des phrases claires et honnêtes, sans être blessantes.

— J'aimerais ça qu'on reste amis.

— Je suis désolé(e), je pense que je ne suis pas prêt(e) à m'engager dans une relation. (La façon gentille de dire : Je ne suis pas prêt(e) à m'engager dans une relation avec toi.)

Mais on va se dire les vraies affaires, y a des gens qui sont durs de comprenure ! Alors allons-y…

TRUCS POUR *FLUSHER* UN GARS ET POUR ÊTRE CERTAINE QU'IL NE RAPPELLE PAS**

✱ Je t'ai vu regarder la serveuse/n'importe quelle autre femme. Tu la trouves de ton goût ? Tu préférerais être avec elle, c'est ça ? Dis-le que c'est ça, ça me dérange pas. Mais avoue-le, au moins.

---

* Si vous êtes dans une relation avec une personne du même sexe et que vous voulez finir ça vite, il vous suffira probablement de dire quelque chose comme : « Aye j'suis désolé, mais dans le fond je suis pas gai. Je voulais venir à ce rendez-vous par curiosité, pour voir si je pogne aussi dans l'autre équipe. C'est cool que oui, mais je te regarde et pis non, je pourrais juste pas. Désolé. Mais sur dix tu me donnerais combien ? »

** S'il rappelle après ça, ne réponds pas. Pars à courir, ma chouette. Vite !

* Je t'ai dit que j'avais pas d'enfant parce que je sais que tu aimes mieux sortir avec une fille qui n'est pas mère, mais j'en ai quatre. Ben six, si tu comptes les triplés.

* T'es vraiment *cute* pis fin. Veux tu m'épouser? Pourquoi tu ris? Je suis très sérieuse. Veux-tu m'épouser?

* J'avais tellement hâte qu'on prenne un verre! Mon ex vient de m'en faire toute une! Mais pour que tu comprennes bien, faut connaître l'histoire. Lui, je l'ai rencontré y a cinq ans environ, au début y était ben fin, mais attends que je te raconte...

* Je sais pas si c'est très important pour toi, donc j'aime mieux spécifier que moi le sexe, j'haïs ça. Vraiment. J'aime mieux laver les planchers que faire l'amour. Pis l'amour oral... Ouache! Ça, c'est vraiment dégueu. Plus jamais!!

* On peut prendre un selfie de nous deux? Ça ferait vraiment chier mon ex... (Insérer un rire diabolique.)

TRUCS POUR *FLUSHER* UNE FILLE

* C'est pas grave du tout, mais... t'es quand même pas mal plus grosse que sur tes photos.

* T'inquiète pas, moi je porte toujours des condoms. Pas trop le choix, j'ai attrapé à peu près tout ce qui s'attrape comme ITS.
(Pour les plus vieux: MTS.)

✳ Tu me fais tellement penser à ma mère!

✳ Es-tu pour ça, toi, les relations ouvertes? Parce qu'en fait je sors déjà avec deux autres filles pis ça me fâcherait d'être obligé d'arrêter de les voir...

✳ T'es pas mon genre, mais t'as l'air cochonne, pis ça, j'haïs pas ça...

Ok, c'est un peu exagéré. Ça fonctionnerait probablement, mais restons réalistes. C'est pas tout le monde qui peut faire semblant d'avoir vu son ex et jouer une grande scène après, ou qui peut partir à pleurer sur un dix cennes en disant: «J'en peux plus, ma vie amoureuse c'est tellement de la mardeee!!!!»

Pour les femmes, il y a toujours l'option de feindre des crampes menstruelles. Et si le rendez-vous est vraiment insupportable, expliquez ça en détail à votre *date*. Le film d'horreur dans la culotte, c'est pas mal *turn-off* pour tout le monde.

Si rien d'autre ne fonctionne :

— Renversez-vous un drink dessus.
— Renversez-lui un drink dessus.
— *Frenchez* le serveur/la serveuse.
— Mettez-vous à parler à une personne imaginaire.
— Mettez-vous à pleurer en criant: «Pourquoi... POURQUOI IL/ELLE NE M'AIME PLUS?»

Et il y a toujours l'option d'être honnête: faisons gagner du temps à tout le monde en disant la vérité... Mais c'est pas mal moins drôle à raconter aux copines.

LES *PICK-UP LINES*

Si vous avez vu (sinon, qu'est-ce que vous attendez?) le film *Brice de Nice*, vous vous rappelez certainement son don incroyable pour la phrase qui casse.

«J'organise une boum, ça te dirait de... pas venir?»

«T'es comme le "h" de Hawaï, tu sers à rien.»

«Mais qu'est-ce que t'as? T'es toute moche!»

C'est drôle, et surtout ça atteint son but, qui est d'humilier l'autre et de faire rire ses amis. Par contre, en mode flirting, les *pick-up lines* sont supposées servir à séduire l'autre. Pas réduire. Séduire.

Le verbe anglais *to pick up*, ça veut dire ramasser, et y a justement de ces *pick-up lines* qui donnent l'impression de se faire ramasser, mais pas dans le bon sens du terme.

1. Il y a premièrement les classiques, les répliques sorties tout droit d'un numéro de *Sélection du Reader's Digest* ou de la bouche de ton mon'oncle à Noël:

«Est-ce que t'as mal aux pieds? dit le gars.
— Non, pourquoi? dit la fille.
— Parce que tu m'as trotté dans la tête toute la soirée!»

«Ton père, c'est un voleur... Il a volé les étoiles dans le ciel pour les mettre dans tes yeux!»

«J'ai perdu mon numéro de téléphone... Est-ce que je peux avoir le tien?»

«Tiens, v'là 25 cents, comme ça tu vas pouvoir appeler pour dire que tu rentres pas chez toi!»

«Ça va, rien de cassé? Parce que ça a dû faire mal quand tu es tombée du ciel?!»

«Désolé je me suis perdu, peux-tu m'indiquer le chemin vers chez toi?»

«Je sais que t'es intelligente, mais c'est pas ça qui m'intéresse...»

Et tant d'autres du même ordre. C'est peut-être *cute* à seize ans, mais quand ça fait cent cinquante fois qu'on les entend... C'est juste... non.

2. Il y a des gars qui ont mal compris la théorie selon laquelle une femme veut être séduite par l'humour. Voici une de leurs répliques célèbres:

«Aimes-tu ça les enfants?
— Euh... oui?
— Ça tombe bien, j'en fais!»

La fois où on me l'a dite, celle-là, un p'tit clin d'œil malaisant a suivi. Je n'ai pas procréé ce soir-là...

3. N'OUBLIONS PAS LES ÉNIGMATIQUES:

«Belles paires de jambes. À quelle heure que ça ouvre?»
«J'ai deux billets pour le paradis, ça t'tente-tu d'venir?»
«C'est beau ce que tu portes, mais ce serait encore plus joli sur le plancher de ma chambre.»
«Dors-tu sur ton ventre, toi?
— Euh... non. Pourquoi?
— Moi, j'pourrais-tu?»

«Travailles-tu dans le jeans?... En tout cas, tu travailles dans les miens!»
«Veux-tu manger quelque chose que ma mère a fait?!»

4. ENFIN, VOICI MON TOP 5 DES PIRES *PICK-UP LINES*, TOUTES RÉELLEMENT ENTENDUES À UN MOMENT OU L'AUTRE DE MA VIE, SUIVIES DE MES RÉPONSES MENTALES (≠).

— Salut. J'te dirai pas que t'es belle, tu le sais!
(≠) Pas de problème. J'te dirai pas que t'es un tarla, tu dois être au courant.

— Qu'est-ce que tu manges en hiver pour être belle de même?
(≠) Pas toi, apparemment.

— Câline, tu serais belle, toi, si tu perdais dix livres!

(≠) Wow, t'es direct! Tu vas aller loin dans la vie... Faque, ça te tente-tu d'y aller tout de suite, s'il te plaît?

— Toi, j'te ferais pas mal.

(≠) Moi oui, mais ce serait pas légal.

— Toi, si t'étais un char, tu serais une Ferrari!

(≠) Merci. Toi, si t'étais un char, j'prendrais l'autobus.

Oui, je sais, encore une fois je m'acharne sur les gars, diront certains. Mais sincèrement, en connaissez-vous des *pick-up lines* de marde de filles, vous? Avez-vous déjà vu une femme qui regarde le paquet d'un homme et lui demande: «Combien t'as payé pour tes boxers? Pfft, j'peux te tenir le paquet pour ben moins que ça!» Non??? Eh bien, moi non plus.

Alors un conseil pour vous, messieurs: si vous pensez avoir trouvé une bonne réplique, testez-la d'abord sur une fille de votre entourage. Une amie, une coloc, votre mère s'il le faut (en autant qu'elle soit cool), et demandez-lui son avis. C'est une femme. Ça vous donnera une idée de l'accueil que la gent féminine risque de réserver à votre amorce. Et si cette femme vous aime, elle sera honnête, et son avis vous évitera d'être humilié ou de recevoir un drink sur la tête.

Si votre première réaction, en entendant une *pick-up line*, c'est: «Ah stie que c'est con!», ça l'est probablement! Pas besoin de la tester. Gardez donc cette réplique-là pour rire entre gars. Parce que vous ne vous coucherez pas moins seul en la sortant à une fille.

Le mot d'ordre: originalité! Un gars m'a déjà abordée en me disant que j'avais de beaux genoux, eh bien ça m'a tellement étonnée et fait rire qu'on a jasé pendant un bon bout!

Et de grâce, évitez toute référence au sexe quand vous abordez une fille, à moins qu'elle ne fasse clairement le trottoir et que vous vouliez la faire travailler. Mais sinon, vraiment pas nécessaire de dire à une fille que vous avez envie d'elle ou que vous avez le sexe en tête. On s'en doute. Si vous lui parlez, c'est parce qu'elle vous plaît, ou au moins que vous avez envie de faire des cochonneries avec elle. Et le sexe, ben vous y pensez toutes les sept secondes, apparemment. Donc, dites-nous quelque chose qu'on ne sait pas. On se couchera peut-être chacun de son côté, mais au moins on se couchera tous un peu moins niaiseux.

MOI. C'EST MOI, PIS C'EST ÇA QUI EST ÇA!

Plusieurs d'entre nous espèrent trouver l'homme idéal ou la femme idéale en consultant des fiches personnelles sur le Web. Mais les sites de rencontre et les réseaux sociaux sont des lieux d'échange où les comportements sont somme toute assez narcissiques : on y publie ce qui nous met en valeur. Ce n'est pas représentatif de la vraie vie. Donc, avant de tomber amoureux d'une fiche, dites-vous que vous avez affaire à un dépliant pour un voyage dans le Sud : les photos sont belles, les activités ont l'air super, mais ça se peut que sur place, les chambres soient un peu défraîchies, que la bouffe soit plus qu'ordinaire et qu'il y ait des cailloux sur la plage. Des fois, il y a même des coquerelles. Et pas de plage.

Bien que je ne croie pas que qui que ce soit me perçoive comme une femme parfaite, je dois admettre qu'il y a des gens qui, à la lumière de ce qu'ils lisent ou voient de moi sur le Web, pensent que je suis pas mal plus *hot* que ce que je suis en réalité. J'en suis flattée ; qui ne le serait pas ? Mais la vraie Anne-Marie, elle est pas mal comme tout le monde, quelquefois un peu extraordinaire, et pas mal ordinaire le reste du temps.

En voici quelques preuves :

✳ J'ai le sens de la répartie et je me doute que ça semble divertissant. Vite de même, j'ai l'air d'un clown. Eh bien, ce n'est pas toujours le cas. Dans «répartie», il y a «parti», et c'est pas un hasard. Parce que ça veut aussi dire que je suis la championne pour me mettre le pied dans la bouche, pour dire ce qu'il ne faut pas et pour créer des malaises. Il m'arrive couramment de parler en public, de réaliser ce qui vient de sortir de ma bouche et de me dire : «Oh merde, j'ai-tu dit ça fort ?» Et la réponse, en général, c'est oui, avec un accent d'embarras.

✳ J'ai deux enfants. Ça veut dire qu'une semaine sur deux, j'ai de la broue dans le toupet. Je cours partout comme une poule pas de tête et je suis brûlée par les deux bouts (d'où l'expression «femme au foyer»). Alors que la semaine suivante, je suis tellement en manque de vie sociale que je cours encore partout, mais à essayer de voir mes amis, de sortir, de prendre du temps pour moi ET de *dater*. Bonjour l'horaire pas d'allure. Ça explique les cernes que j'essaie de cacher.

✽ Avoir quarante ans et deux enfants, ça veut aussi dire avoir le corps qui vient avec. Des vergetures, un *muffin top*, de la cellulite, du mou de bras. Et ça n'ira pas en s'améliorant, à moins qu'on abolisse la loi que je déteste le plus : la loi de la gravité. Je me trouve pas pire pour mon âge, mais j'aime ben trop la bouffe et le vin et j'haïs ben trop le gym pour avoir le corps de mes (ou de tes) rêves. J'ai le corps que j'ai, il fait la job, je le garde, *anyway* j'en ai pas d'autre.

✽ J'ai un sale caractère par moments. Vraiment. Il paraît que je peux presque tuer avec un seul regard. Je ne me fâche vraiment pas souvent, mais quand ça arrive, c'est un tsunami de mauvaise humeur. En plus, j'ai une tête de cochon, alors ça peut durer, cet air bête-là. Je ne voudrais pas m'engueuler avec moi-même, c'est clair.

✽ Comme bien des artistes, je suis une petite chose insécure. J'ai des airs de fille forte pleine d'assurance, mais dites-moi que j'ai l'air fatiguée, que ma *joke* n'est pas drôle ou que j'ai pris cinq cents grammes, et même si vous avez raison, une petite partie de moi va se mettre à se tordre dans un nœud coulant. Dans mon miroir, il y a une petite bibitte en porcelaine qui tient avec du *gaffer tape* dans un étau. J'ai connu ben des gars que ça épuisait. Et je les comprends. Parfois je m'épuise moi-même.

✽ Je ne sais pas mentir. Ça a l'apparence d'une qualité à première vue, mais pas tout le temps. Je dis ce que je pense. Toujours. Des fois, c'est blessant. Souvent, ce n'est pas nécessaire. Ça sort tout seul ou presque. La fille qui tient la porte à quelqu'un et qui dit très fort « De rien ! » quand on ne la remercie pas, c'est moi, ça.

✽ Je travaille fort là-dessus, mais oui, je parle souvent de mes ex. Plusieurs d'entre eux sont restés mes amis, je les vois, je leur parle, et comme je ne me censure pas, ils reviennent parfois dans mes conversations. Ceux que je n'aime plus aussi. Je sais bien que ça peut être lourd, mais je vous l'ai dit, j'ai pas de filtre. Ça aussi, je travaille là-dessus, mais si Rome ne s'est pas bâtie en deux jours, on ne me déconstruira pas en trois.

✽ Quand je conduis, je suis un peu possédée. Je fais de grands efforts avec les enfants, mais c'est pas rare de m'entendre crier : « Ben oui, une auto à quarante mille piasses, pis y a pas de clignotants dessus ! Me semble !!! » En taxi aussi, c'est gênant.

✱ Quand je dors après avoir bu de l'alcool, il paraît que je ronfle. Non, mais c'est-tu assez séduisant, ça? Je ne le croyais pas jusqu'à ce qu'un de mes ex me filme...

Ah! Vous voyez? Je parle encore d'un ex!!!

Je pourrais continuer longtemps comme ça, mais mon estime de moi vient de me menacer de faire une fugue, donc on va dire que c'est suffisant.

Tout ça pour vous dire que dans la recherche d'une relation, il faut arrêter d'idéaliser l'autre... et de s'idéaliser soi-même.

Quoi qu'on fasse, quoi qu'on dise, on est toujours ben juste des humains avec grosso modo les mêmes besoins. Alors essayez d'être vous-même le plus possible. Pas parfait, pas dans une espèce de version améliorée, pas dans un rôle que vous n'arriverez pas à tenir plus de deux semaines. Soyez juste vous. Comme ça, si votre nouvelle relation fonctionne, vous n'aurez pas à être qui que ce soit d'autre que vous-même.

Souvent, c'est avec ce qu'elle affiche à l'extérieur qu'une personne nous attire, mais dans les plus belles relations, c'est avec ce qu'elle a à l'intérieur qu'elle nous donne le goût de rester.

MARIAGE OU MIRAGE ?

La seule robe de mariée que j'ai portée de ma vie, c'est celle de ma mère, et c'était pour me déguiser en fée des étoiles quand j'avais environ douze ans. Par contre, j'ai vraiment failli me marier. C'est difficile à croire, mais on m'a demandée en mariage cinq fois, et c'est passé vraiment proche deux fois. Et aujourd'hui, comme vous le savez, je suis toujours légalement célibataire. Ce n'est pas un drame ; d'ailleurs, si j'y tenais tant que ça, je me serais mariée, j'imagine. Mais comme la plupart des filles, je veux marier celui qui sera le bon pour moi, pas le moins pire. LE bon. Tout simplement, et je ne l'ai pas trouvé encore.

Mon ex-fiancé et moi, on comptait se marier sur la plage. J'aimais beaucoup l'idée. Non seulement je trouve ça romantique, mais puisque j'adore la mer et la nature, je m'imagine très bien vivre un moment important comme ça dans un endroit qui me parle et me touche. Je ne peux ni ne veux me marier à l'église, et je n'aime pas du tout l'idée de me marier au palais de justice. C'est quand même spécial d'aller s'unir à l'endroit même où se tiennent des procès criminels et des divorces, non ?

L'idée du mariage à la plage était dans mon top aussi parce que les gros mariages planifiés des mois à l'avance et qui coûtent des dizaines de milliers de dollars, ce n'est pas pour moi du tout. Petite bibitte anxieuse que je suis, attendre le supposément plus beau jour de ma vie pendant des mois, je deviendrais probablement folle, ou alors c'est mon fiancé que je rendrais fou. Ce qui me plaît du mariage, c'est l'idée de sceller un lien, d'officialiser une union si importante. Pis oui, comme tout le monde, la robe, le party, l'occasion de dire « mon mari ». Je ne pourrais pas vraiment expliquer pourquoi, mais oui, moi aussi, je l'ai, ce gène-là, le gène du mariage, et ça m'arrive d'y penser et d'en rêver.

À l'âge de dix-huit ans, je suis allée au Mexique et j'ai acheté une bague toute mignonne avec des soleils et des étoiles gravés dessus, et j'ai décidé de la mettre à mon annulaire gauche. À la blague, j'ai dit que je me fiançais moi-même. Puis avec le temps, c'est devenu un genre de *running gag*. Ce lien avec moi-même me semblait logique : j'ai toujours été là pour moi, je suis la personne qui me connaît le mieux, je m'aime pour vrai, je ne me tromperai pas, je suis attentive à mes désirs, je sais me donner des orgasmes et me laisser dormir quand le sexe ne me tente pas...

J'ai fini par dire qu'à quarante-cinq ans, si je n'ai toujours pas trouvé chaussure à mon pied ni jonc à mon doigt, j'allais m'épouser moi-même. Pourquoi pas ?

Il y a en effet quelques femmes qui ont fait une telle chose. Ce n'est pas légal, pour des raisons évidentes, mais j'adore l'idée de se faire une fête à soi de soi. Et je le ferai peut-être, pourquoi pas? L'avenir nous le dira!

FAITS COCASSES (ET ODORANTS) SUR LE MARIAGE

Vous êtes-vous déjà demandé pourquoi tant de mariages ont lieu en juin?

Il y a bien longtemps, à l'époque où prendre un bain était un luxe, c'était généralement au mois de mai que les gens se lavaient un bon coup en prenant leur bain annuel. Ils étaient donc relativement propres et frais au mois de juin. C'était probablement plus invitant pour les bisous!

La tradition du fameux bouquet, elle, vient du fait que déjà en juin, la mariée s'était parfois déjà mise à sentir moins frais. On a donc décidé de lui mettre un bouquet entre les mains, histoire de masquer l'odeur. Ainsi, la mariée sentait les fleurs et non le swing.

Un peu moins romantique comme ça, hein?

MARIAGE: LES PENSEZ-Y-BIEN

Beaucoup de femmes voient encore le mariage, ou du moins le jour du mariage, comme un but à atteindre. Comme si après ce jour, tout allait nécessairement bien aller. Avez-vous dit: syndrome du «ils vécur'zeureux et zeurent beaucoup d'zenfants»? Même ceux qui ne veulent pas d'enfant voient parfois le jour du mariage comme la fin d'une histoire, plutôt que comme le début d'une autre.

Laissez-moi vous dire qu'un mariage, c'est pas mal plus que la cérémonie et que la fois où matante Jocelyne a pogné les fesses de votre nouveau mari pendant la lambada (la maudite folle, eh qu'on l'aime!).

Comme le couple en général, le mariage est comme l'exercice physique: c'est un défi, peu importe qui vous êtes. La plupart des gens qui font de l'exercice savent que c'est bon pour la santé. La plupart se disent même que l'exercice, ça peut être pas mal le fun... Mais ceux qui en font régulièrement ont tous eu une ou deux mauvaises séances d'entraînement, et peut-être chaque séance a été difficile pour des raisons complètement différentes.

Une fois mariés, quoi qu'il arrive, on passe sa vie dans le même gym!

Ce que plusieurs veulent sûrement savoir, c'est: qu'est-ce qui peut être si différent entre le jour avant et le jour après la cérémonie du mariage? Dans le fond, c'est la même chose, surtout si le couple vivait déjà dans le même appartement... mais avec un bout de papier et un peu plus de dettes. Non?

Je ne sais pas pour tout le monde, mais je pense que, même si ce n'est pas apparent tout de suite, c'est la responsabilité qui est différente. Une fois marié, on est maintenant la famille primaire de l'autre. Les gens mariés, avec ou sans enfants, sont maintenant une unité familiale. C'est sûr que la famille d'origine sera toujours là pour nous (si elle était déjà là), mais maintenant, en disant «ma famille», on ne parle plus de ses parents, de ses frères et sœurs et de ses cousins et cousines, on parle des gens qui habitent notre maison. Les décisions se prennent donc autrement une fois qu'on s'unit «officiellement». Pensez-y! Une fois mariés, on est censés faire des testaments ensemble et tout le kit!

C'est sûr que pour les mariés qui n'ont jamais vécu ensemble (ne riez pas, il paraît que ça se peut), la période de transition est encore plus difficile. Je n'ose même pas imaginer!

Il y a des questions qu'il vaut mieux se poser à soi-même puis poser à l'autre avant de dire «Oui, je le veux», histoire de savoir si on se «veut» vraiment.

La base: à quel point peut-on vous déranger dans votre intimité?

— Est-ce que c'est important pour vous que le papier de toilette se déroule du même côté?

— Voir et entendre quelqu'un qui fait pipi la porte ouverte, est-ce que ça vous irrite? Au contraire, est-ce que vous allez à la salle de bain la porte ouverte et tenez à ce que ça reste comme ça?

— Est-ce que vous vous endormez bien? difficilement? Et sur quel type de matelas? Est-ce que vous bougez en dormant, est-ce que vous ronflez, avez-vous le sommeil léger?

— Le partage des tâches! Vous enlignez-vous pour celui du type moitié-moitié? Et là encore, un vrai moitié-moitié, ou celui du genre: «Moi je cuisine/toi tu manges, toi tu fais le bordel/moi je le ramasse»?

— Et les temps libres, vous les passez ensemble? Dans quelle proportion? Avez-vous droit à votre temps seul? Sinon, y a peut-être quelque chose qui cloche...

Vous trouvez que ça en fait, des questions? Eh bien, ça touche seulement les petites choses! On n'a pas parlé d'idéaux, de rêves, de buts communs. On n'a même pas parlé d'argent encore! La question monétaire n'est pas un cliché de gens mariés pour rien: c'est une des raisons les plus importantes pour lesquelles les couples divorcent. Dans un engagement comme le mariage, il faut faire confiance à l'autre avec son argent et vice versa. Il faut avoir des buts communs, des arrangements et des ententes.

Ouf! On est loin de la robe de rêve et du buffet avec la cousine Nicole un peu pompette, hein?

OK, j'arrête. Ceux qui ont besoin d'un *break*, allez vous chercher une coupe de vin.

Alors, quelles sont les bonnes raisons pour se marier?

Je vous suggère de valider vos motivations réelles en répondant à ce petit questionnaire, élaboré par une pro du mariage parce que mariée depuis (trop) longtemps.

ÊTES-VOUS PRÊT(E) À VOUS MARIER?

1- Quelle est votre opinion sur le mariage en général?
a) Dépassé! Pas besoin de faire ça de nos jours.
b) Je ne suis pas contre...
c) C'est mon plus grand rêve.

Votre réponse à cette première question devrait constituer assez d'information pour vous donner un indice global de votre résultat dans ce quiz... Mais si vous n'êtes toujours pas certain, continuez:

2- Une bonne raison de se marier, c'est:
a) être amoureux de quelqu'un qui doit se marier pour pouvoir immigrer.
b) le party ou le show (de la journée du mariage).
c) pour l'assurance que ma douce moitié veut rester avec moi jusqu'à ce que la mort nous sépare (on comprend qu'un morceau de papier, ça n'aide pas quelqu'un à rester avec nous autant qu'une bonne relation ou du bon *duct tape*, mais...).

3- Qu'est-ce que le mariage vous apporterait que vous n'avez pas encore?
a) Le droit de dire «mon mari/ma femme».
b) Un morceau de papier qui constitue une semi-obligation de rester avec moi.
c) Rien, mais ça me tente pareil.

4- Êtes-vous prêt à «penser en nous»?
a) Je pense que oui.
b) Il faut penser à l'autre en prenant nos décisions? Toute notre vie?... euh... ok?
c) Nous allons avoir la plus belle vie avec des arcs-en-ciel et des licornes (ou ben donc deux enfants, un char et un lézard).

Pour décider de se marier, il faut avoir plus d'une référence dans son CV amoureux. Il faut donc se poser les questions suivantes:

5- Avez-vous eu plusieurs relations?
a) Pas besoin! Je sais c'est quoi l'amour.
b) Oui, j'ai eu plusieurs chums (de deux à dix).

c) J'ai eu plusieurs relations, mais toujours avec la même personne. Ça compte-tu?

Des experts américains affirment qu'en Amérique du Nord, pour qu'un mariage ait plus de chances de fonctionner, on doit être âgé de vingt-cinq ans ou plus au moment de s'épouser.

6- Quel âge avez-vous? Regardez sur votre permis de conduire en cas de doute:
a) Moins de vingt-cinq ans, mais en âge mental j'suis *fucking* vieille.
b) Plus de vingt-cinq ans.
c) J'aurais été offusquée que tu me tutoies dans la question.

7- Êtes-vous prêt émotionnellement?
a) Non, je sors d'un divorce/d'une mauvaise relation/de prison.
b) Je pense que oui. J'y ai bien réfléchi, j'ai pesé le pour et le contre et je crois être contente de ma décision.
c) Tellement prête! J'ai déjà ma robe et j'ai hâte à l'open bar.

8- Et votre famille?
a) Il y a quelques personnes à problèmes dans ma famille, mais rien qui puisse nous séparer, mon amoureux(se) et moi.
b) Tout le monde dans ma famille le/la déteste. (Il y a peut-être une raison pour ça?...)
c) C'est pas pire.

Si votre réponse est d): Ma belle-famille m'adore et je l'adore, allez vous acheter un billet de loterie, mon chanceux!

9- Pensez-vous que votre partenaire va changer après le mariage?
a) Sûrement pour le mieux. Ça va le/la calmer!
b) Sûrement pour le pire pendant un bout, mais ha! ha! je l'aurai bien cherché!
c) Es-tu malade? On ne change pas, on évolue au mieux. Me prends-tu pour un idiot/une cruche?

Mettons qu'il y a des journées, voire des années, où vous risquez... comment le dire délicatement... de débander. Donc...

10-Votre partenaire et vous, êtes-vous amis?
    a) Ben oui, on a toujours du fun ensemble.
    b) Oui, et on va se soutenir dans les moments difficiles.
    c) Pas vraiment. Il me baise comme je veux, c'est pas mal ce qui compte le plus pour moi.

Des conflits, ça arrive à tout le monde. Il y en a qui les règlent tout de suite et ne vont jamais se coucher fâchés. Il y en a qui vont se coucher fâchés, mais régleront les choses à un moment donné. Il y en a d'autres qui s'excusent pour acheter la paix et font semblant que la chicane n'est jamais survenue.

11- Êtes-vous capables de vous parler de conflits?
    a) Oui, moi je parle et il se promène dans la maison pour essayer de s'enfuir.
    b) Oui, c'est pas le fun, mais on essaye de se rendre à un genre de résolution.
    c) Il crie, je crie, on crie tous les deux, ou on pleure, ou on s'ignore, ou il y a quelqu'un qui part, ou on boit de l'alcool et on claque les portes. Après on s'ignore un bout. Ou on baise.

Si elle veut faire le tour du monde et vivre un peu à la bohème avant d'adopter quatre enfants, et lui veut une maison à Brossard et travailler de neuf à cinq, ça ne tiendra peut-être pas le coup sans gros compromis.

12-Avez-vous des plans de vie en commun?
    a) Oui.
    b) Non.
    c) C'est commun, ça, décider de se marier, non?

Il y a des choses que vous voulez, que vous ne voulez pas ou qui ne changeront jamais. On peut rester longtemps avec quelqu'un sans en parler, mais il se pourrait alors que votre relation ne puisse pas durer, même si elle est bonne. Avez-vous discuté ensemble de vos *deal breakers*?
Exemple de sujets qu'il est important d'aborder:

— Le projet d'avoir ou non des enfants.
— Combien d'enfants on voudrait avoir.
— L'endroit où on voudrait vivre (dans quel pays).
— Le projet d'avoir ou non des animaux.

— Les comportements de l'autre : fumer ou pas, boire de l'alcool ou pas. Pourriez-vous passer votre vie avec quelqu'un qui porte des bas blancs dans ses sandales, etc.

13-Avez-vous abordé les sujets *crunchy*?
a) Oui.
b) Non.
c) On va découvrir ça après s'être mariés. Ça va être toute une aventure.

C'est correct de ne pas vouloir se marier n'importe comment. En gougounes dans un dépanneur, ça peut vous faire de drôles d'anecdotes à raconter, mais ça manque un peu de romantisme, à moins que vous vous soyez rencontrés en tendant tous deux la main pour prendre le dernier sac de Cheetos.

Sois honnête, mademoiselle :

14-Dans quelle proportion voulez-vous vous marier pour la belle robe?
a) À 25 %.
b) De 26 à 100 %... mais n'oublions pas qu'il y a aussi la réception!
c) Ta gueule. Lui et moi pour la vie, ça ne se réduit pas à une belle robe et à un open bar.

RÉSULTATS :

1 : a) 0 b) 1 c) 2	5 : a) 1 b) 2 c) 2	9 : a) 0 b) 0 c) 1	13 : a) 3 b) 0 c) 1
2 : a) 2 b) 1 c) 3	6 : a) 1 b) 3 c) 3	10 : a) 3 b) 3 c) 0	14 : a) 1 b) 0 c) 3
3 : a) 2 b) 2 c) 3	7 : a) 0 b) 3 c) 1	11 : a) 0 b) 3 c) 0	
4 : a) 3 b) 0 c) 2	8 : a) 3 b) 0 c) 2	12 : a) 3 b) 0 c) 1	

30-48 points : Votre partenaire et vous semblez être prêts à vous marier. On vous souhaite d'avoir déjà trouvé la bonne personne.
P.-S. : On est disponibles pour animer la réception...
18-29 points : Vous n'êtes pas prêt comme tel, mais si la bonne personne se pointait, peut-être. Si vous pensez connaître la bonne personne, faites-lui passer ce questionnaire. Ça mettra du piquant dans vos discussions!
0-17 points : Vous n'êtes pas prêt du tout. Le mariage va seulement compliquer votre vie et vous placer dans un genre de prison de couple. Résistez. Ou continuez de manger des Cheetos.

THANK YOU

UN PRINCE À NEW YORK

J'en ai eu et j'en ai braillé, des histoires qui foirent, mais je me console toujours en me disant que c'est dans le fumier que poussent les plus belles fleurs : la preuve, les gars infidèles achètent les plus beaux bouquets. (Je sais, j'ai déjà évoqué la marde et les fleurs... Le titre de ce livre n'a pas été choisi au hasard, soyez-en sûr.)

Mais à défaut de trouver mon prince charmant, j'ai tout de même eu ma part d'histoires dignes des contes de fées.

C'était bien avant septembre 2001, dans le temps où aller à New York et passer les douanes n'était pas aussi compliqué que faire ses impôts, et où une quantité de liquide supérieure à 100 ml ne constituait pas une menace contre la nation. Nouvellement monoparentale, j'ai décidé de m'inscrire à une formation à l'American Comedy Institute de New York. J'avais besoin de me changer les idées, de rire, de voyager, j'avais besoin de vivre.

Cassée comme un clou, j'ai pris une chambre dans un *Bed & Breakfast* louche tenu par une Québécoise. Très abordable, parce que c'était aussi pas mal tout croche, l'établissement était situé en plein milieu de Harlem, un quartier aussi rassurant qu'un homme qui te demande ce que tu manges pour être belle de même à quatre heures du matin dans une ruelle. Mais j'avais vingt-six ans, j'étais blonde, j'étais *hot*, j'étais invincible.

Après mon premier cours de comique, j'ai cherché une place pour m'installer avec un café, un calepin, des idées et un crayon. Je ne savais pas trop où aller, c'est beau New York, mais c'est aussi un peu *over the top* quand tu cherches juste un petit café ordinaire et que tout ce que tu trouves c'est le Naked Cowboy pis des billets pour *Cats*. J'ai abordé un policier pour lui demander conseil. Il m'a fait un grand sourire, a regardé sa montre et m'a dit : «Tu sais quoi ? C'est l'heure de ma pause. Non seulement je vais te recommander un café, mais je vais aller en prendre un avec toi !» Ainsi, je me suis ramassée dans un café new-yorkais à jaser avec un beau policier en uniforme. Je trouvais que le voyage commençait bien. Quand il a dû retourner travailler, il m'a donné rendez-vous à un petit resto dans Times Square, pas loin. Il voulait m'inviter à souper, *to get to know me more*. Ouh là là ! La magie de New York opérait et j'adorais ça.

Je me suis pointée au resto-bar à dix-huit heures. Mon beau policier n'était pas arrivé. Je me suis donc installée pour commander un verre et je me suis mise à noircir mon cahier d'idées. Trente minutes plus tard, j'ai commencé à me dire que je m'étais peut-être fait poser un lapin américain. La différence avec un lapin québécois? Y en a pas, sauf que ça se passe aux États. J'étais seule et affamée dans un bar que je ne connaissais pas. J'étais venue à New York pour faire du *stand-up*, et je me retrouvais *stood up*.

Juste comme j'allais lever les pattes, le barman pose un verre devant moi. Je lui dis que je n'ai rien commandé, il me répond que ça vient de l'homme là-bas, au bout du comptoir. Je me retourne pour voir celui qui veut me faire boire, il m'envoie un petit «*hello*» de la main, je fais un sourire un peu niais, j'articule un genre de «*thank you, cheers*» et je continue de faire semblant que j'écris dans mon calepin. Y avait pas de iPhone dans ce temps-là, donc pas grand-chose pour se distraire pendant qu'on attendait quelqu'un (ou même pendant qu'on était avec quelqu'un, mais ça, c'est un autre dossier).

Quelques minutes plus tard, l'homme du *free drink* se lève, passe derrière moi, s'arrête et me dit, avec un accent tout droit sorti de Brooklyn : «*Hi, I'm Johnny**. Je quitte pour le travail. Prends ce que tu veux, toute la soirée, je m'occupe de la facture. Je travaille sur le show des *Misérables*, je vais revenir vers vingt-trois heures. Si tu veux qu'on fasse connaissance, attends-moi, sinon je te souhaite une belle soirée. » Il dit ensuite au barman et à la serveuse : «*Take care of my friend here, make sure she's neither hungry or lonely.*» (Prenez soin de mon amie, assurez-vous qu'elle ne meure ni de faim, ni d'ennui.) Et il est parti. Comme ça.

Là, j'entends les filles qui demandent : «Pis, y était comment? Beau, grand, jeune et fringant?»

Honnêtement? Non, pas tellement.

Il avait presque vingt ans de plus que moi, il était de la même taille que moi (sans talons hauts) et il avait l'accent typique de l'Italien élevé à Brooklyn. Mais il avait aussi un charme fou, il était séduisant, très très drôle, et c'était un véritable gentleman : le genre qui sait quand ouvrir les portes et se fermer la boîte. Et moi, quand un homme est drôle et sait comment traiter une femme, il devient de plus en plus beau à mes yeux, et il se hisse dans mon estime sans même avoir à se hisser sur la pointe des pieds.

Alors, oui, je l'ai attendu. J'ai discuté avec le barman, pour apprendre qu'il était acteur de jour et venait juste de tourner dans *Sex and the City*. J'ai discuté avec la serveuse, une jeune danseuse pleine de rêves et

---

*   Ben non, c'est pas son vrai nom, me prenez-vous pour une cruche? Son vrai nom, c'est Tony.

d'ambitions, et j'ai réalisé que la majorité du *staff* dans les bars de New York était constitué d'artistes. J'étais dans mon élément, j'étais comblée.

Puis Johnny est revenu et on a parlé, parlé, parlé : de lui, de moi, de New York, du Québec, de la vie, une vraie discussion dans la Grosse Pomme, digne d'un film de Woody Allen.

Quand il m'a demandé où je logeais et que j'ai répondu : «Dans un B & B à Harlem», il a rétorqué : «*No you're not.*» Cinq minutes plus tard, on sautait dans un taxi, on passait chercher mes choses et il me prenait une chambre dans un hôtel en face du resto. Et NON, il n'a fait aucune allusion au fait de partager ma chambre ou mon lit ; il a payé la chambre pour la semaine, rubis sur l'ongle, et m'a gentiment offert de me faire faire un tour de ville le lendemain. C'est toute la semaine que je l'ai laissé me guider à travers New York, le New York que seul le vrai New-Yorkais peut nous faire découvrir. J'ai mangé le meilleur steak de ma vie (assise à côté de Gwyneth Paltrow), j'ai bu le meilleur café, j'ai visité les plus beaux endroits, tout ça aux frais de Johnny ; il m'a bien signifié qu'il était hors de question que je paye quoi que ce soit. Cassée comme j'étais, c'était encore plus hors de question qu'il pensait. OUI, j'ai fini par l'inviter à ma chambre, mais pas parce que je me sentais redevable. J'étais tout simplement tombée amoureuse. Kessé vous voulez ? Moi aussi, ça m'arrive des fois de me prendre pour *Pretty Woman*.

Quand j'ai dû retourner à Montréal. j'avais la boîte à souvenirs ben pleine, mais le cœur ben gros de devoir quitter mon prince de New York, pour ne plus jamais le revoir, pensais-je. Mais c'était mal le connaître. À peine deux semaines plus tard, il m'appelait. «*I can't take it anymore, I miss you too much, I am booking you a flight to New York.*» Pendant les six mois suivants, je descendais des trois, quatre, cinq jours à New York en avion à ses frais, et moi, je faisais ma fraîche. Ma vie était un film, et pour une fois, y avait du budget.

Mais le conte de fées a pris fin quand la réalité m'a crié «Présente !» ben fort. Un soir que je me préparais à un souper au resto en sa compagnie, je me coiffais en écoutant une toune et en dansant un peu. Johnny m'a dit : «Peux-tu baisser ta musique s'il te plaît ? Si on peut appeler ça de la musique... T'es comme mes filles, t'écoutes ça ben trop fort.»

Et là, je me suis rappelé qu'il y avait pas juste huit heures d'autobus ou une heure d'avion qui nous séparaient, y avait toute une génération ! Il y a des gens pour qui ça marche, ce genre de relation intergénérationnelle, mais pour moi c'était plutôt une relation de type vélo stationnaire : ça n'allait nulle part.

Et cette fois, quand j'ai quitté pour Montréal, j'ai dû le quitter lui aussi : je l'ai remercié, pour les moments magiques, pour les souvenirs, pour les sourires et pour l'amour. Je lui ai promis que je ne l'oublierais jamais, et c'était sincère. On se parle encore aujourd'hui sur Facebook de temps en temps.

Je ne l'oublierai jamais parce que c'était une histoire incroyable, mais aussi parce que ça m'a permis de réaliser que pour moi, y a pas que l'apparence qui compte. Y a aussi la personne. Moi, je tombe amoureuse de l'âme en dessous de l'étiquette. Oui, y en a eu, du fumier, qui a suivi, mais grâce à Johnny je peux encore croire à l'Amour, aux gentlemen, aux hommes qui essayent pas systématiquement de coucher avec la fille, aux vrais romantiques, aux gars qui n'ont pas besoin d'entrer dans le moule du prince charmant pour nous faire sentir comme des princesses. Vaut mieux briser des moules que des cœurs, non ?

LES PREMIERS SERONT LES PREMIERS

À l'époque où je faisais des tournées avec mon premier spectacle d'humour, je suis allée donner un spectacle dans la ville natale de mon premier. Vous savez, le premier, comme dans... le premier à, le premier qui... Peu importe j'avais quel âge et c'était qui (non, mais tsé au cas où ça prendrait à quelqu'un de demander). C'était mon premier, et le premier, on ne l'oublie jamais. D'autant plus qu'il a été le meilleur premier que je pouvais espérer. Vraiment. Et je ne parle pas de performance, parce que tsé, avec le premier, t'as comme pas de références. La barre après lui n'est ni haute ni basse, elle vient juste d'apparaître. Mon premier a été le meilleur dans le sens où il ne m'a pas mis de pression, ne m'a pas fait de chantage émotif du genre: «Si tu m'aimais, tu le ferais», et il a attendu que je sois prête à prendre l'initiative. Il a pris son temps, il a été doux, il a fait de ma première fois une expérience tout sauf traumatisante, il m'a même donné hâte à ma deuxième fois (avec lui, ben oui!). Alors oui, il avait mérité d'être le premier.

Je l'avais rencontré durant l'été, pendant un voyage familial en Gaspésie. On était rapidement tombés amoureux comme les jeunes savent le faire: immensément, profondément, aveuglément, tellement-tellement et un peu gnangnan en passant. À l'âge des premières amours, on tombe amoureux version chute libre. On a passé deux semaines à se voir en catimini et à se donner des bisous en cachette, tout ça entrecoupé de câlins de plus en plus coquins. Les hormones dans le tapis. Ça sentait de plus en plus le *third base*, comme disent les anglos.

C'était la première fois que j'avais autant de fun en été. J'étais complètement gaga de lui: un beau grand véliplanchiste, six pieds deux pouces, deux cents livres, que du muscle, un sportif avec l'accent de la Sagouine, j'étais sous le charme. J'ai d'ailleurs toujours ce faible pour les accents et les grands. Ils ne sont pas obligés de faire de la planche à voile, par contre. Comme dans mon film préféré de l'époque, on s'est quittés sur la plage en se promettant de se revoir. Mais à ma grande surprise, contrairement à Danny Zucko dans *Grease*, lui, il le pensait vraiment!

En effet, deux semaines après mon retour dans la grand-ville, il a quitté sa belle péninsule sur le pouce pour venir me rendre visite à mon chalet, une heure plus loin que Montréal. L'équivalent de près de quatorze heures de route. Tsé, quand tu dis qu'un gars voulait, ben le gars voulait. Il ME voulait.

Pas pour rien qu'aujourd'hui j'ai envie qu'on me fasse sentir spéciale; on m'y a habituée beaucoup trop tôt! Ça fait que quand un gars que je fréquente calcule où se trouve le milieu entre chez lui et chez nous pour qu'on s'y rencontre, bien qu'il en ait le droit, mettons que je pousse un soupir intérieur...

Donc, il y a quelques années, je me suis retrouvée dans le patelin de mon beau grand souvenir de jeunesse. Pour simplifier, appelons-le Martin. Martin Premier. Tsé, ça fait *hot*. J'ai bien sûr cherché à savoir s'il habitait toujours le coin. Vous le savez, une fille, c'est constitué à soixante-cinq pour cent d'eau et à au moins vingt-cinq pour cent de curiosité. Je me suis dit que dans les petits endroits comme celui qu'il habitait, tout le monde se connaît ou presque.

Après le show, je m'informe auprès du gars du son (ils sont généralement fort sympathiques, allez savoir pourquoi):

— Dis donc, Martin Premier, ça te dit quelque chose?
— Ben oui! Tout le monde connaît, Martin!
— Ah bon? Il habite toujours ici?
— Ben non, ça fait un bout qu'y est parti!

Je l'avoue, j'ai été déçue. Mais j'ai pas eu le temps de commencer à faire une baboune qu'il ajoutait:

— Mais y a déménagé à Saint-Machin-Chouette, c'est juste à quinze minutes d'ici.
— Ah bon? Et... et il va bien?
— Ben certain! Marié, quatre enfants... Un maudit bon gars, Martin! Il tient le magasin de Patentes & Gogosses à Saint-Machin-Chouette, sur le boulevard Grand-Rue. Va le voir! Il va être content!

J'ai remercié le gars du son et je suis rentrée à ma chambre en faisant semblant de ne plus y penser. Mais le lendemain, ça a été plus fort que moi; je me suis rendue à la place en question. J'ai passé au moins vingt minutes assise dans ma voiture devant le magasin à me dire: «Ira, n'ira pas.» À faire le saut chaque fois que la porte ouvrait. J'avais envie de le voir, mais en même temps... pour quoi faire au juste? Plus de vingt ans et six cent cinquante kilomètres nous séparaient. Dans mon souvenir, c'était un beau grand jeune homme bâti comme une armoire à glace. Quand j'y pensais, j'avais encore de grands frissons. Est-ce que j'avais réellement envie de remplacer ça par l'image d'un homme dans la quarantaine, peut-être encore *cute*, mais tout aussi probablement bedonnant et chauve? Et je lui dirais quoi? Et lui, est-ce qu'il avait envie de me revoir? Peut-être pas! Et sa femme encore moins, probablement! La grande blonde de Montréal avec ses shows pis sa grande gueule, ça fait peur à des femmes du 514, pas convaincue que ça soit bien différent dans le 418. Un ex, de toute façon, c'est un ex, on n'aime pas, ou peu, d'office. Ben ben rare que la femme actuelle dise : «Oh, c'est ben l'fun que tu la revoies mon chéri, invite-la à souper!» Je ne voulais pas mettre qui que ce soit dans l'embarras, ni déterrer des malaises des décennies plus tard.

Finalement, j'ai décidé de partir et de laisser mon souvenir intact. Martin Premier aura dix-huit ans, un accent à couper à la *chainsaw* et un corps musclé et basané jusqu'à la fin des temps dans mon esprit. Je ne regrette pas. Y a des souvenirs qu'il vaut mieux ne pas altérer, je crois. Surtout quand ils sont beaux. Et encore plus quand on a le don de se sculpter des souvenirs dans de la marde plus souvent qu'à son tour.

Merci, Martin Premier, pour cet été mémorable. Je n'aurais pas pu mieux offrir ma cerise.

SOLO, MODE D'EMPLOI

« JE VAIS DONC ENFIN VIVRE SEUL !
ET DÉJÀ, JE ME DEMANDE AVEC QUI. »

SACHA GUITRY

VIE ET SAISONS DE CÉLIBATAIRE

Certains moments spécifiques de l'année sont un peu plus difficiles à traverser pour les cœurs qui volent en solo. Voici donc quelques conseils pour survivre à ces diverses fêtes (dont vous ne pouvez pas vous sauver *anyway*).

NOËL EN SOLO

Le temps des Fêtes, pour moi, ça rime avec : beaucoup de monde qui me rappelle que je suis célibataire et pas beaucoup de fun.

Pour preuve, voici un extrait d'une conversation typique de ce moment de l'année, que j'ai eue avec ma tante Denise* l'an passé. Elle m'appelle pour savoir si je vais venir au souper de Noël. Je réponds :

— Oui, je vais venir.
— Accompagnée ?
— Oui, les enfants seront là.
— Super ! Mais je voulais dire... accompagnée... par... quelqu'un ?
— (Soupir.) Non, j'ai pas de chum.
— (Silence.) Ah. (Malaise.) Ben, on a ben hâte de vous voir pareil !

Selon le dictionnaire, «célibat», ça veut dire ceci : le célibat est l'état d'une personne qui est en âge de vivre en couple ou d'être mariée mais qui n'a pas de conjoint dans sa vie amoureuse et sexuelle.

Notez le mot : ÉTAT.

Ça sonne presque comme une maladie. Pas pour rien que côtoyer ma famille avec pas-de-chum, c'est comme avoir une maladie invisible. Pour me guérir de mon célibat, y en a de la matante qui pense qu'il me faut une greffe de chum.

Y a celle qui va voir son fils et qui dit : «Ben voyons donc Mathieu, vous avez presque le même âge, tu dois ben avoir ça, toi, un ami pour ta belle cousine Anne-Marie ?» Là, le pauvre cousin sourit un peu niaiseusement, et dans ses yeux il est écrit : «Euh... J'habite à quarante-cinq minutes de char de Montréal, mes amis ne sont pas

---

* Tous les noms ont été changés, sans quoi c'est clair que je serais revenue désormais SANS mes tupperwares pleins de restants.

67

son genre et inversement, elle est ben fine mais j'la connais pas vraiment dans le fond, pis... il doit ben rester de la bière?» Et il part s'en chercher une.

Y a l'autre tante qui me prend à part et me dit: «Veux-tu m'as te dire quelque chose?» Notez que c'est une fausse question; j'ai pas le temps de répondre qu'elle est déjà repartie: «Toi! Toi, t'as compris quelque chose. Regarde-moi. Je l'aime, ton oncle, ben oui, c'est sûr. J'ai-tu le choix? Mais on fait chambre à part depuis vingt ans, pis laisse-moi te dire que c'est la meilleure décision qu'on a prise. Ça pis se prendre une femme de ménage. Mais je l'aime là, à la vie, à la mort. Mais des fois...» Là, elle s'approche avec son haleine de crème de menthe pour me chuchoter: «Y m'énarve... m'énarve!!! Veux-tu m'as te le dire, moi? Tout ce que ça te prend, c'est un homme pour... tsé veux dire, de temps en temps, pis t'es en business. Pis même ça, fais-toi-z-en pas, rendue à mon âge ça te tentera même plus.» Elle rit trop fort puis part se resservir du digestif vert douteux.

Puis il y a l'oncle Jacques, bière à la main, et qui s'approche et me dit: «Ben voyons, encore toute seule, toi?» Il regarde autour de moi, comme si un gars allait apparaître soudainement du plafond. «Hé, j'te dis. Veux-tu ben me dire qu'est-ce tu leur fais? Leur fais-tu peur tant que ça ou bedon t'as juste un maudit caractère de cochon?» Généralement, je réponds: «Un peu des deux, j'pense», avec un rire malaisant, suivi de: «Euh... Est où la bière, mononcle?»

Y en a même qui vont jusqu'à inclure mes enfants dans les beaux petits malaises de Noël, en me disant des choses comme: «Toi, ma belle fille, aimerais-tu ça que ta maman finisse par avoir un amoureux?» Là, mon échappatoire, ce n'est plus «Où est la bière?», mais plutôt: «Où sont les couteaux?!»

Après cette festive soirée qui s'achève généralement sur: «En tout cas, moi cette année je te souhaite de trouver le bon... mais sois donc pas si difficile, aussi!!», et sur: «Tsé que si tu nous ramènes une blonde l'an prochain, ça nous dérange pas!», suivi de l'intervention d'un autre oncle qui rajoute, subtil: «Surtout si 'est *cute*!» Et ça se termine en beauté sur une chorale d'oncles qui rient et, oui, parfois rotent.

Je rentre chez nous, avec ma fille qui dort dans mes bras, j'essaie de monter au deuxième étage tant bien que mal pendant que mon fils traîne les cadeaux et les sacs remplis de tupperwares pleins de restes. Parce que c'est bien connu: une fille toute seule, ça mange. Donc c'est à moi qu'on refile les restants. Ça fait ben mon affaire, même si c'est des restants de pitié.

Puis je me couche en me disant que l'année prochaine, je vais sincèrement tenter de soudoyer un de mes amis comédiens pour qu'il vienne me faire honte (à ma demande) et qu'on me sacre patience pendant un petit deux ou trois ans.

Mais je fais un effort, pour les enfants et, tiens, pour moi-même aussi! Et puis des fois, faut se donner un coup de pied au derrière et en profiter un ti-peu, même en solo. Y a quand même de la bière pis des chips!

Voici donc les phrases qui m'aident à me motiver pour passer à travers le temps des Fêtes en solo.

Pigez dedans, c'est gratuit!

LES BONS CÔTÉS DES FÊTES EN SOLO:

1. Je vais pouvoir regarder *Love Actually*, *About A Boy* ou *Elf* toute seule, ensevelie dans une doudou, en mangeant des chips ou du chocolat ou les deux. Personne ne me fera sentir que le film est un peu cucul ou que la bouffe va finir sur mon cul. *Yeah!*

2. Je suis peut-être seule, mais je me rappelle certains Noëls où j'étais avec quelqu'un dont je n'étais pas amoureuse. Triste *feeling* que de commencer l'année en embrassant quelqu'un qu'on aime… bien. Honnêtement, j'aime mieux n'embrasser que mes amis et ma famille que j'aime profondément pour vrai. Démarrer l'année sur une note sincère, me semble que ça commence mieux, non?

3. Je n'aurai pas à m'inventer une face de fille contente en recevant un cadeau qui me fait juste dire:
   «Ça fait deux ans qu'on est ensemble et tu me donnes ça?? *Really*? Coudonc, me connais-tu!?»

4. Le début de l'année et les résolutions, c'est le meilleur moment pour réenligner ses désirs et les énoncer clairement à l'univers. Je ne commence pas l'année seule, je la commence avec la possibilité de rencontrer quelqu'un d'extraordinaire. (Et sûrement quelques tarlas en passant. Mais ça fait partie du jeu…)

CONSEILS DE SURVIE POUR LES FÊTES EN SOLO:

✱ Si vous buvez, ne conduisez pas, bien sûr, et, surtout, ne textez pas votre ex!!

✱ Si on vous demande: «Mais veux-tu ben me dire pourquoi ça n'a pas marché avec untel/unetelle?», vous n'êtes pas obligé de répondre, vous savez. Mais vous pouvez aussi y aller d'un truc malaisant du genre:

« Ben il trippait pas autant sur les pieds et le médiéval nu que moi. » Ça calme les ardeurs de la curiosité généralement.

✳ Ne vous attardez pas trop sur le cousin qui annonce ses fiançailles ou la cousine qui est enceinte. Ils sont heureux et c'est correct, le bonheur attire le bonheur, et eux aussi, ils ont probablement eu le cœur en miettes à un moment donné de leur vie. C'est chacun son tour, ce sera bien le vôtre aussi!

✳ Rappelez-vous que beaucoup de gens ont trouvé l'amour de leur vie à trente-cinq, quarante, voire cinquante ou soixante ans. Comme quoi il ne faut pas désespérer, il paraît que tout vient à point à qui sait attendre. Mais j'avoue personnellement que j'aimerais ça que ce soit pas trop tard dans ma vie, histoire qu'on puisse voyager et faire des sorties, et là je ne parle pas juste d'aller au Carrefour Laval et au bowling.

✳ Sortez de votre tête toutes les réflexions qui commencent par : « J'te gage qu'en ce moment mon ex est avec unetelle/untel. » *Who cares*! Votre ex, c'est le passé, et son présent n'affecte en rien le vôtre. Le bonheur des autres n'enlève rien au vôtre non plus. En plus, votre *next*, c'est l'inconnu. C'est super excitant, non? Sauf si vous devez rencontrer un psychopathe, mais restons positifs, c'est le temps des Fêtes après tout.

LA MAUTADINE DE SAINT-VALENTIN

Dès le début février, il ne se passe pas une journée sans qu'on voie quelque chose avec un cœur dessus. Société de consommation oblige, toutes les raisons sont bonnes pour essayer de nous vendre quelque chose, et aucune fête n'y fait exception. Des fleurs, des chocolats, des bijoux, des nuitées à l'hôtel, des dessous, des robes (je sais pas c'est quoi spécifiquement une robe de la Saint-Valentin, mais j'ai déjà vu une publicité pour ça... Elle s'enlève plus vite peut-être?), des recettes, des forfaits de tout et de rien.

On n'est pas dupes, on le sait ben que la Saint-Valentin c'est devenu surtout une fête commerciale. Fête de l'amour? De l'amour de l'argent plutôt. De la même façon, l'anniversaire de la naissance du petit Jésus est devenu la journée du cadeau et celui de sa résurrection est devenu celle du chocolat.

Mais le problème avec la Saint-Valentin, contrairement aux autres fêtes, c'est qu'en principe, elle ne s'adresse qu'à certaines personnes: celles qui sont en couple. C'est la fête où l'on célèbre sa tendre moitié, son chum, sa blonde, son couple, la personne avec qui on *frenche*, on couche et on minouche.

Je sais bien que d'autres gens la fêtent aussi. Mes enfants font des bricolages en ti-cœur à l'école chaque année. Mais est-ce qu'on leur apprend à célébrer l'amour… ou à entrer dans le moule de la consommation de roses et de chocolats? Quand j'étais au secondaire, je me souviens d'un service de courrier interne de l'école où l'on nous invitait à écrire à notre Valentin ou à notre Valentine.

Déjà, on se sentait un peu à part si on n'en avait pas, comme si on devait nécessairement avoir le *kick* sur quelqu'un aux alentours du 14 février. Sauf que moi, à quatorze ans, oui, j'avais un *kick*, mais non, je ne pouvais lui écrire par l'entremise de ce système, vu que son nom c'était Corey Hart. Donc, comme système, mettons que c'est zéro. (Si vous la comprenez, celle-là, vous aussi vous êtes vieux, bienvenue dans le club.)

Autre raison de chialer à la Saint-Valentin: chaque année, autour de la fête de Cupidon, on entend la même phrase: «Moi, j'ai pas besoin d'une journée particulière pour dire à ma blonde que je l'aime.» Ok, j'veux ben, mais c'est quand la dernière fois que tu lui as acheté des fleurs? Si la réponse est «Euh…», ben c'est ça, parle parle, jase jase.

Oui, il y a des gens qui célèbrent l'amour toute l'année durant, et c'est tant mieux. C'est ce que l'on devrait tous faire. Qu'on soit en couple ou pas. Parce que l'amour, ce n'est pas réservé au couple. J'aime mes enfants, j'aime mes amis, j'aime la vie, j'aime le chocolat (pas dans cet ordre-là vu que le chocolat est dans mon top 3), j'aime d'amour beaucoup de gens et je le leur dis, et je le leur montre. Parce qu'en amour plus que n'importe où ailleurs, *actions speak louder than words*, les actions parlent plus fort que les paroles.

Je pense qu'en fait, cette fête-là, c'est comme le célibat: c'est à chacun de décider ce qu'il en fait. On peut vivre le célibat comme un échec si on décide qu'être en couple c'est le but suprême de l'existence. On peut aussi le voir comme un moment pour être en harmonie avec soi-même, pour se retrouver (ou se trouver pour ceux qui ne l'ont pas encore fait), le percevoir comme une pause ou juste comme… la vie et rien d'autre. Même chose avec la Saint-Valentin. Si on choisit d'en faire une fête de l'amour, tout le monde est invité, qu'on soit en couple ou pas.

On peut aussi décider de passer sa soirée à se lamenter en braillant: «Tout le monde est en train de fêter sauf mouaaaaaaaa!» Ou on peut se dire que c'est une journée comme une autre et qu'un jour on fêtera ça (ou pas) avec quelqu'un qu'on aime et qui nous le rend bien. Dans l'temps comme dans le l'temps, comme ils disent.

Voici donc deux stratégies pour survivre à cette journée ouvertement détestée par les solos:

1. Comme on a établi que l'amour, c'est pas réservé aux couples, passez donc la soirée avec quelqu'un que vous aimez. Personne n'est disponible? Passez donc la soirée avec vous-même, vous devez ben vous aimer un peu, non? Faites-vous un bon souper, offrez-vous une bonne bouteille, allez vous en acheter, des fleurs. Si vous saviez combien de fois je ME suis acheté des fleurs. Le meilleur là-dedans? C'est toujours mes préférées.

2. Plutôt que de chialer que vous ne recevrez pas de carte à la Saint-Valentin, offrez-en une! À vous de vous, à un ou une amie célibataire que vous appréciez... Vous n'avez aucune raison de ne pas le faire. En plus c'est gratuit, je vous en ai même préparé quelques-unes pour vous inspirer!

POUR L'AMI(E) CÉLIBATAIRE:

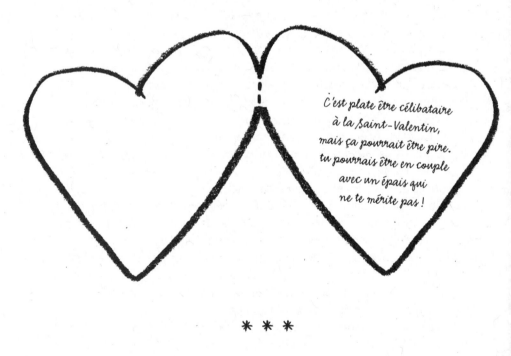

C'est plate être célibataire à la Saint-Valentin, mais ça pourrait être pire. tu pourrais être en couple avec un épais qui ne te mérite pas!

* * *

À moi de moi.
Parce que je m'aime,
que je suis toujours là pour moi,
que je ne me laisse jamais tomber
et que je suis vraiment
quelqu'un dont je ne
pourrais me passer.

HALLOWEEN

Allez-y, aux partys d'Halloween. C'est toujours le fun et tout le monde aime se déguiser. Mais si vous vous faites séduire, assurez-vous d'enlever le masque et le maquillage de l'autre avant de trop vous investir, tout à coup que les dents jaunes et trouées sont des vraies...

Et voici enfin l'occasion rêvée de dire: «Ben oui, mon chum est là, mais il est déguisé en homme invisible!»

ÊTES-VOUS PRÊT(E) À ÊTRE EN COUPLE ?

Même si on a parfois très très envie d'être en couple, si ça fait un bout qu'on est surtout en couple avec le célibat, ça se peut qu'on s'attache un peu à ce dernier comme on s'attache à une vieille flamme, à quelqu'un qui ne nous va pas parfaitement, mais qui a tout de même ses bons côtés. Si, tout comme moi, il vous arrive de vous demander si le problème ne provient pas aussi de ce que vous n'êtes pas tout à fait prêt à être en couple, faites ce petit test pas scientifique du tout, mais qui vous amusera beaucoup.

1- Votre position préférée dans le lit pour dormir, c'est:
   a) l'étoile de mer. Le lit m'appartient.
   b) sur le côté, plus d'un côté du lit que de l'autre.
   c) je cherche comment me placer. Ce que j'aime le plus, c'est d'être collé-collé sur quelqu'un que j'aime.

2- Un des avantages du couple, c'est:
   a) partager les tâches, ça permet de choisir celle qu'on fait et c'est plus le fun de faire ça à deux!
   b) pouvoir raconter ma journée à quelqu'un, partager des conversations et une complicité.
   c) le sexe!

3- C'est dimanche soir. La meilleure façon de le passer selon vous, c'est:
   a) me faire une bonne petite bouffe puis regarder le gros show de télé en le commentant sur les réseaux sociaux.
   b) aller souper chez mes parents/des amis, puis regarder un show de télé avec eux.
   c) peu importe, c'est la fin de la fin de semaine. On va où?

4- Quand vous êtes devant la télé, la première chose que vous faites, c'est:
   a) agripper la télécommande. MA télécommande.
   b) regarder le film ou l'émission que j'ai prévu regarder.
   c) regarder quelles émissions ou quels films sont présentés.

5- Le repas parfait, c'est :
    a) le bon [mets quelconque] de ma mère.
    b) une recette dont je suis pas mal fier(ère).
    c) j'adore cuisiner, seul(e) ou à deux, faut essayer des nouvelles recettes !

6- Ce que vous appréciez de votre célibat, c'est de :
    a) n'avoir de comptes à rendre à personne, je suis à la fois le boss et l'employé.
    b) pouvoir prendre du temps pour faire ce que j'aime quand je veux.
    c) ne pas être encombré de quelqu'un qui me fait de la peine ou ruine mon bonheur.

7- L'amour, c'est :
    a) un conte de fées, un film d'Hollywood, une chanson de Jason Mraz.
    b) compliqué et beaucoup de travail. Compromis, compromis, compromis !
    c) le plus beau *feeling* au monde. De loin.

8- Avec quelle phrase êtes-vous le plus en accord ?
    a) Vaut mieux être seul que mal accompagné.
    b) L'amour, c'est comme le chocolat, c'est le vrai le meilleur.
    c) L'amour, c'est comme faire le signe de *Star Trek*, c'est pas tout le monde qui est capable et on ne sait pas pourquoi.

9- La phrase que vous êtes le plus tanné(e) d'entendre, c'est :
    a) «Je ne comprends pas que tu sois encore célibataire !»
    b) «Tu sais, à ton âge, faudrait peut-être commencer à être moins difficile !»
    c) «Quand ça va être le/la bon(ne), tu vas le savoir. Regarde, moi et [nom de sa tendre moitié].»

10-Si un génie exauçait un souhait concernant votre vie amoureuse, ce serait :
    a) facile. Retourner avec mon ex.
    b) rencontrer la personne qui est le match parfait pour moi.
    c) rencontrer de nouvelles personnes. Si on ne tombe pas amoureux, on deviendra peut-être amis, qui sait ?

Ici, il n'y a pas de bonnes réponses. Plutôt que de vous donner des points à compter, je préfère vous donner un exercice.

Relisez vos réponses et demandez-vous pourquoi ce sont celles que vous avez choisies. Ça vous obligera à réfléchir à ce que vous vivez et à ce que vous voulez vivre, et peut-être même à remettre les choses en perspective.

Et si vous avez envie d'une réponse plus simple, consultez le tableau de votre avenir amoureux. Vous connaissez le jeu! Les trois premiers mots que vous y voyez représentent ce qui s'en vient pour vous côté amour. Aussi fiable que l'os de poulet ou le pendule, promis!

dieodeceptionswoamouricgvdivorcelaqcocuwrsy
wtrupturebxitslbgdbaiserhsrwivbsorgasmepwoqt
eksbonehruxfatenfantwoflblarmesowpsexelfusb
fowthseductionwlboejseparationwcjmilfoeyrtsnej
namantvwoqkggrossessevahxmbaventurelfheux
acoupdefoudrekwfstxnehdbageudlwocpassiontx
zexlfmarishcnblondekwptprincemxgatrahisonlev
cdejavuwpvbisousncfwharmoniewugkdesirjmcbd
wxbouquetflroksromantiquegdhrpleursmvchipsj
edemenagementcwpvmehsexydlsidramejbeiowm
shwcparfumtxbssensuelcmsbarbuwldamoureuxl
wrejetxlcmwdatepfnsescapadehfeusauvagelfosj

LA VIE, C'EST DU GÂTEAU

Voici ma philosophie de vie. Parce qu'à vingt ans on pense qu'on comprend tout alors qu'on comprend pas grand-chose, et à quarante on comprend pas mal trop de choses, ça nous donne le tournis, alors on valide avec le monde autour. En l'occurrence : vous.

Je crois qu'on devrait percevoir notre vie comme un gâteau.

De kossé ? que vous dites.

Je m'explique.

La vie est un gâteau. On choisit la saveur, la forme, puis on ajuste au fur et à mesure selon nos goûts. Après quarante ans à affiner ma recette, je peux vous dire qu'il est rendu bon en tabarnouche, le mien. Au fil des ans, j'en ai brûlé, des gâteaux. Des fois j'ai mis trop de sucre, grosse cochonne, ou de l'alcool pour donner du goût, j'ai même fait deux beaux petits *cup-cakes* avec des charmants pâtissiers qui m'ont fourni le glaçage. Là, faut que je précise que quand j'ai un amoureux, il devient mon glaçage. Il rend mon gâteau plus *sweet*, plus cochon, mais… mon gâteau est très bon nature. Donc, il peut très bien se passer de glaçage et être délicieux quand même.

Quand on cherche un partenaire à tout prix, c'est que notre gâteau est pas ben bon au départ. Alors on veut l'ensevelir sous le glaçage pour que ça passe, mais tout le monde sait que trois pouces de glaçage, ça finit par donner mal au cœur. Surtout, ça nous fait sentir coupable. Si on est une fille, en tout cas.

Alors, non, malgré ce que je peux apparemment envoyer comme message, je ne cherche pas un chum à tout prix. Y a des jours où ça me manque de me coller su'l'divan pour regarder un film, de me cacher sous la couette pour passer le temps quand il pleut le dimanche matin, d'aller au marché et de planifier un souper en tête à tête, d'entendre «Je t'aime» de la bouche de quelqu'un d'autre qu'un de mes enfants. Ben oui, j'aime ben ça, comme ben du monde.

Mais j'ai été assez souvent malheureuse en amour pour savoir qu'on ne se sent jamais aussi seul que quand on est mal accompagné. Donc oui, je le veux, mais oui, je vais l'attendre.

Je vais continuer à le chercher, cependant! J'vais pas attendre que mon gâteau devienne sec. Et… je l'avoue… j'ai la dent sucrée.

VIE AMOUREUSE DE MAR... IÉE

Je ne vous le cache pas, ça fait beaucoup trop longtemps que je suis mariée pour me rappeler ce qu'est une vie de célibataire. En fait, je n'ai jamais su ce que c'est de vivre seule. Ok, j'ai vécu «seule» pendant trois semaines à quinze ans pour un semestre intensif de danse; je ne vivais ni chez mes parents, ni en couple. Mais ça ne compte pas, vu que je logeais avec mes deux amies au YMCA d'Ottawa.

La plupart du temps, je vous envie, les célibataires! On envie souvent les gens qui mènent la vie qu'on n'a pas. Je ne peux pas m'en empêcher. Être en couple ou toute seule s'équivalent en temps difficiles, mais des fois je pense que c'est plus facile pour les gens célibataires.

Chose certaine, je vois des avantages au célibat:

✳ Mis à part ceux qui ont des enfants, les célibataires peuvent faire ce qu'ils veulent quand ils le veulent! Et si vous avez le goût de ne rien faire, il n'y a personne pour vous juger. Si vous voulez manger des chips en regardant la télé en bobettes, si vous décidez de ne pas vous raser pendant deux semaines, vous pouvez! Ok, j'avoue que je me laisse pousser le poil de jambes parfois, mais je me promène moins les jambes à l'air dans la maison que j'aimerais, au cas où mes fils décideraient de jouer à «Chasser le yéti».

✳ Les plans des célibataires peuvent changer sans créer un problème à la maison. Et ne venez pas me dire que théoriquement parlant, tout le monde peut bien faire ce qu'il veut quand il le veut à l'âge adulte. Je le sais! Mais quand nos plans ne sont pas qu'à nous, quand il y a quelqu'un d'autre dans l'équation, c'est bien différent.

✳ Les célibataires n'ont pas besoin de parler à quelqu'un toute la journée, ni de répondre à ses textos à tout moment. Ok, c'est peut-être une affaire culturelle, mais mon mari m'appelle trois ou quatre fois par jour pour semi-ne-rien-dire pendant dix minutes, et il me texte souvent.

✳ Les célibataires entretiennent moins de liens familiaux forcés. Tsé, parce que quand on sort avec quelqu'un, encore plus quand on est marié, on doit *dealer* avec sa famille et ses amis! Il y en a qui sont invariablement cool, mais tsé, il y a les autres. Statistiquement parlant, si notre conjoint(e) a une grande famille et beaucoup d'amis, il y en aura quelques-uns dans la

gang qui ne nous trouveront pas extraordinaire. Même que des fois on serait content qu'ils nous trouvent ordinaires tellement ils nous voient d'un mauvais œil. Il y a aussi de bonnes chances pour que quelqu'un de son bord nous tape sur les nerfs. Ou soit méchant. Ou plate. Il faut aussi composer avec sa propre famille et ses amis, et avec ce qu'ils pensent de notre personne choisie et de sa famille... Même quand ça va bien, la logistique peut devenir très compliquée.

✳ Il y a les animaux aussi, tant qu'à ça, parce qu'il y a des gens qui arrivent dans une relation avec du bagage poilu. Ça fait beaucoup de monde à la messe!

✳ Être en couple, en tout cas au début de la relation, ça coûte plus cher. Des sorties, peut-être même des cadeaux, c'est bien le fun, mais ça se peut que ça soit trop pour notre budget. La célibataire, elle, peut garder son argent pour un voyage trippant à la place...

C'est ce que j'avais fait dans le temps, dans mon temps de jeune célibataire. J'ai économisé et je suis partie au Mexique. Je voulais m'ouvrir à une nouvelle culture... Ben j'me suis tellement ouverte que trois mois plus tard, je me suis réveillée enceinte à côté d'un Mexicain.

Et je l'ai marié.

40 ANS ET +

Quand j'étais petite, comme la plupart des enfants, je considérais comme vieux tous ceux qui avaient plus de trente ans. Quand un enfant nous dit: «Toi, t'es vieille, hein?», on trouve ça très drôle à dix-sept ans, mais pas mal moins à trente-deux.

Tsé, quand on dit que c'est ce qu'il y a de plus innocent, les enfants? Ben voilà. Parce que quand on se fait dire ça, on a juste envie de répondre: «Ben voyons, t'es donc ben innocent!»

Quand j'avais huit ou neuf ans, je me disais qu'en l'an 2000, soit à mes trente-trois ans, j'aurais un mari, une maison, une bonne job et deux enfants. Quand est venu le temps de célébrer le nouveau millénaire, ce que j'avais à mon actif, c'est un enfant, une job que j'aimais mais qui ne me permettait pas de payer le loyer (qui dit loyer dit locataire, donc pas de maison), et en plus, ma relation s'en allait lentement mais sûrement vers la rupture.

À quarante ans, j'avais grosso modo la même chose, mais avec une séparation et un deuxième enfant en plus. Dans ma tête, comme la plupart des gens, je n'ai pas quarante et un ans. Quand on m'appelle «madame», je ne comprends toujours pas que c'est à moi qu'on s'adresse. D'un autre côté, je dois de plus en plus me résoudre au fait que, oui, mon corps a bel et bien quarante et un ans.

À l'époque où je fréquentais le cégep, donc vers vingt ans, je pouvais sortir le jeudi, le vendredi, le samedi et parfois même le dimanche soir et assister sans problème à un cours le lundi matin à huit heures. Maintenant, je sors le vendredi, je ne rentre pas ben ben tard, et le lundi je suis encore en train de m'en remettre.

On a beau avoir dix-sept ans dans la tête, ou même trente-deux les jours où on se sent sage, le quarante, il est dans le dos, dans les genoux... On se rend compte que les bruits au lit changent avec les années. Les «ah oui» et les «encore!!» sont de plus en plus parsemés de «ayoye» et de «une crampe! une crampe!».

Je ne veux pas faire le plaidoyer de la femme un peu plus âgée, mais il existe sur Internet un texte intitulé *10 raisons de préférer une femme de 40 ans*. Comme bien des femmes de cet âge, j'ai partagé le texte à grands coups de: «*Yes sir*, lisez ça, oui, enfin!» Je l'admets, j'étais beaucoup trop excitée. Un peu plus et je sortais mes pompons et mon mégaphone et allais dans la rue en criant: «Je suis dans mon *peak* sexuel et je suis indépendante, *come to mama*!»

Bien vite, je me suis calmé le pompon et le mégaphone, et je me suis dit qu'à la place, ça valait la peine que je produise ma propre version de ce texte, en gardant les titres originaux mais en y ajoutant ma version des faits. Le texte original, à vrai dire, sonnait un peu trop féérique pour être vrai.

Voici donc ce qu'il en a résulté, histoire de rétablir l'équilibre et la vérité.

MES 10 RAISONS DE PRÉFÉRER UNE FEMME DE 40 ANS

Elle a de l'expérience

L'expérience, c'est dans la tête ET dans le corps. Alors, soyons réalistes : la femme de quarante ans n'a pas le sein aussi ferme qu'une jeune poulette, et les marques ne sont pas sur ses jeans, mais bien en dessous de ses vêtements. Par contre, elle est généralement bien plus à l'aise avec son corps. Avec la quarantaine vient un lâcher-prise essentiel au bonheur et à la santé mentale, le constat qu'on ne gagnera jamais contre la loi de la gravité et que, somme toute, ce n'est pas la fin du monde. Quand la femme de quarante ans s'active au lit, elle ne se demande pas si ça lui fait un bourrelet de se tenir comme ça, de toute façon elle s'est résignée : toute posture, sauf celle de l'étoile de mer, lui fait un bourrelet. L'expérience, ça veut aussi dire en avoir vu des vertes et des pas mûres. Avec une femme de quarante ans, homme, va falloir que tu te lèves de bonne heure pour essayer de la prendre pour une cruche. Sa naïveté a sacré le camp avec le rebondi de sa fesse, pis c'est ben correct comme ça.

Elle a plus d'argent

Je suis un très mauvais exemple vu que je suis une «artisse», mais effectivement, à quarante ans, une femme est plus indépendante financièrement et sera capable de subvenir à ses propres besoins. Par contre, même si elle a une voiture et trois cartes de crédit, homme, tu devrais tout de même payer de temps et temps et lui offrir des *lifts*, parce que plus vieille signifie aussi parfois plus *old school*. Ça se peut très bien qu'elle refuse tes propositions galantes, mais par principe, ça vaut la peine d'essayer. C'est le genre de truc qu'une femme apprécie. Si tu ne peux pas l'épater avec ton *cash*, essaie donc la galanterie pour voir. Souvent, c'est étonnamment *winner*.

Elle est mature

Tsé comme dans le contraire d'immature? Piquer des crises, elle laisse ça aux minettes. Une femme mature, ça n'a plus le temps de jouer des *games*. Le bon côté là-dedans, c'est qu'elle ne fera pas perdre son temps à un homme avec du niaisage et des réponses ambiguës. Le mauvais côté? Elle n'endurera pas le niaisage et les réponses ambiguës. La relation n'est pas claire, on sait pas ce qu'on veut, on avance, on recule, on avance? *Next*!

Elle est indépendante

Une fille de vingt-trois ans songe à se mettre en petite boule un samedi soir où son agenda est vide. La fille de quarante ans est plutôt excitée par toutes les possibilités qu'offre cette soirée de liberté. Non seulement elle n'est pas malheureuse toute seule, mais elle y a pris goût! Ce qui est bien, c'est que son homme, si elle en a un, peut faire ce qu'il veut de son côté, elle s'organisera du sien. Faut pas complètement l'oublier non plus par contre, homme: elle risquerait de te rendre la pareille.

C'est une bombe sexuelle

Ça fait un bout qu'elle fait autre chose que juste dormir dans un lit, et ça paraît. Plutôt que de faire ce qu'elle pense qu'il faut qu'elle fasse, elle commence à savoir quoi faire, alors elle écoute son corps et celui de son partenaire. Elle suit la musique des physiques. La bonne nouvelle, homme, c'est que tu ne t'ennuieras pas au lit avec elle, et qu'elle fera bien autre chose que la petite danse en ligne prévisible de *moves* des films pornos. Le mauvais côté, c'est que si elle s'ennuie parce que tu lui offres la petite danse en ligne de la baise, tu risques de devoir te finir à la main. Chez vous.

Elle ne cherche pas à changer son homme

Une femme de quarante ans, ça sait qu'on ne peut pas changer les gens. Elle n'essaiera pas de changer ta garde-robe, ton vocabulaire, tes meubles, tes amis. Elle sait que c'est peine perdue et elle a autre chose à faire. Par contre, elle n'est plus une version brouillon d'elle-même non plus, c'est pas mal ça qui est ça, comme on dit. Alors pas la peine d'essayer de la changer non plus. Elle risquerait juste de changer... d'homme.

Elle est plus facile à vivre

Quand on réalise qu'on a peut-être déjà passé la moitié de notre vie sur terre, on a autre chose à faire que du boudin parce que notre chum a oublié de baisser le siège de la toilette. Mais la femme de quarante ans s'attend à un retour d'ascenseur: le gars pas facile à vivre, ça sera pas long qu'il devra continuer d'être pas facile à vivre... mais ailleurs. Elle est plus facile, oui, mais elle veut aussi que ses relations soient plus faciles, et ça, ça se fait à deux. C'est l'âge où on dit très sincèrement : «Oh non, c'est pas des menaces, c'est des promesses.»

Elle est sûre d'elle

Pas besoin pour son homme de la rassurer aux cinq minutes ni de la texter chaque fois qu'il fait trois pas. Il vient un âge où on a autre chose à se faire que du mauvais sang. Mais c'est bien beau avoir confiance en soi, il faut aussi avoir confiance en l'autre, et la confiance, ça s'acquiert. Suffit de lui donner raison d'avoir confiance et elle l'aura. Suffit aussi de briser cette confiance une fois, et *ciao bye*, ne restera plus de la confiance que le con.

Elle est drôle

C'est sûr! Elle entend des blagues depuis au moins un quart de siècle! Ajoutez à ça l'autodérision inévitable de la femme qui vieillit, et vous avez une femme qui aime rire et faire rire. Si ce n'est pas le cas, hommes, courez dans l'autre sens, parce qu'une femme qui ne rit pas, ça vieillit mal et ça ride tout croche! La femme de quarante ans sait que la vie est courte et préfère rire que pleurer ou s'apitoyer sur son sort. Elle n'a pas peur de raconter une bonne blague grivoise de temps en temps... mais attention, elle n'aura pas peur d'en faire sur son homme non plus. Chacun sa portion d'autodérision...

Elle connaît ses atouts

Quand on a passé l'âge d'avoir hâte de magasiner un bikini, on doit se consoler avec autre chose et concentrer ses énergies sur ce qui fonctionne. On ne se promène plus la bedaine à l'air, mais on ne fait plus notre teinture de cheveux à la maison avec notre *best* non plus. Dans ça aussi, y a du bon et du mauvais. Mais en général – et c'est pas pour me vanter –, je regarde mes photos d'il y a dix, quinze et vingt ans et je trouve que je suis comme un bon vin. Je vieillis bien. Je n'ai plus la souplesse de la jeunesse, des fois je plisse des yeux pour lire quelque chose pis ça m'arrive de lancer des phrases comme : «Ah non, j'en prendrai pas, de [insérer un aliment], je ne le digère plus!» Mais je m'en fous pas mal. Quand on aime, on a toujours vingt ans, alors du haut de mes quarante ans, quand j'aime, eh bien j'aime deux fois plus fort!

Jean-Pierre Ferland disait : «C'est à trente ans que les femmes sont belles.» Peut-être bien, Jean-Pierre, mais j'ajoute que c'est à quarante ans que les femmes sont elles.

ZONE XXX

« À QUOI BON SAVOIR QUI PORTE LES CULOTTES DANS UN COUPLE ?
UN COUPLE FONCTIONNE MIEUX QUAND
PERSONNE NE PORTE DE CULOTTE... »

AUTEUR INCONNU

TEST

AVERTISSEMENT

La section qui suit pourrait presque être qualifiée de **XXX**. Presque.

Oui, on jase de sexe. C'est un peu inévitable, ça fait partie de la vie, ça fait la vie… et c'est pas parce qu'on a le cœur en solo qu'on n'a pas le droit d'avoir des sensations dans la zone du pantalon. Si le sujet vous met mal à l'aise, je vous recommande de sauter cette section. (Sauter, la pognez-vous?)

Trêve de plaisanterie, je sais bien que ce n'est pas tout le monde qui est à l'aise avec le sexe, alors faisons un petit test!

TEST POUR SAVOIR SI VOUS ÊTES ÉQUIPÉ POUR PARLER DE «ÇA»

1- Vous appelez l'organe génital masculin:
    a) un pénis.
    b) une graine.
    c) l'affaire là… tsé… que les gars ont entre les jambes.
    d) ouache!

2- Un orgasme, c'est:
    a) tellement le fun, c'est comme un feu d'artifice qui part des pieds et finit dans la tête!
    b) rare. Mais c'est ben l'fun.
    c) j'en ai entendu parler. Ça a l'air le fun. J'pense.
    d) un quoi? As-tu juste mal écrit organe?

3- Le clitoris, c'est:
    a) un organe minuscule, mais pourtant bourré d'une immense capacité à donner du plaisir.
    b) là où, quand un gars passe la main, la fille fait des «ahhh» et des «ohhh».
    c) juste à côté du trou pour le pipi.
    d) Ça s'écrit pas comme ça, chrysanthème.

4- Faire l'amour, c'est:

   a) l'union de deux personnes qui s'aiment, deux âmes qui dansent
      ensemble nues.

   b) le fun en ta! On l'fait-tu?

   c) comme baiser, mais avec une personne dont tu connais le nom de
      famille.

   d) Arrête, tu vois ben que je rougis!

RÉSULTATS:

Si vous avez répondu d) à la plupart des questions, v'là votre 4%: passez à
la section suivante. Vous serez pas à l'aise, pis moi, mettre le monde mal
à l'aise, j'aime juste ça quand je peux voir leur réaction.

   Si au contraire vous scorez dans les a), b) ou c), *come on down, let's* jase
about sexe!!!

sEXE

Avant de me lancer en humour et en écriture, j'ai étudié la sexologie à l'université. J'ai toujours été très intéressée par les rapports humains, la psychologie. Alors me cultiver en matière de sexe, ça m'apparaissait logique. Je suis curieuse sur ce sujet-là, depuis toute petite. Pendant que les petites filles «normales» jouaient à la poupée, moi je déshabillais ma Barbie et la collais sur Ken en simulant des bruits de becs. Je suis probablement une des rares petites filles qui n'avaient pas la célèbre valise de Barbie remplie de linge. Pas besoin; la mienne passait le plus clair de son temps toute nue.

Ma pauvre mère était un peu découragée, et y avait de quoi. Parce qu'en plus d'être très intéressée par le sujet, je ne me gênais pas du tout pour en parler.

À cinq ans, alors que les enfants demandent: «Maman, pourquoi le soleil?», moi je demandais: «Maman, pourquoi le pénis?»

Il paraît qu'en plein party de Noël de famille, quand j'avais environ cinq ou six ans, j'ai demandé à ma grand-mère, une femme rigide, froide, hyper prude et religieuse: «Toi, grand-maman, as-tu une vulve?» Devant tout le monde. À la face qu'elle m'a faite, j'en ai déduit que non, ma grand-mère n'avait pas de vulve, et qu'il valait mieux ne pas en parler davantage.

J'ai tellement joué au docteur avec mon voisin qu'on mériterait un doctorat honorifique commun en exploration des parties d'autrui... Et un peu plus vieille (non, je ne vous dirai pas à quel âge), j'ai enfin eu mon moment «Oh-oh!»: un garçon m'a fait découvrir l'orgasme.

Oh. My. God.

On m'aurait donné la recette pour devenir riche ou une licorne à adopter que je n'aurais pas été aussi heureuse. Je venais de découvrir la chose la plus agréable au monde.

J'ai été élevée par une mère qui me parlait des choses de la vie et du sexe sans aucune gêne. Pas le genre de mère qui se promène toute nue dans la maison (merci mon Dieu), mais pas non plus le genre à faire une syncope ou à rougir si je l'attrapais en train de mettre son soutien-gorge. Grâce à mon éducation, je n'ai jamais pensé que la sexualité, c'était sale ou mal. J'ai toujours vu ça comme un des plaisirs de la vie, tout simplement.

Avec une mère aussi ouverte, je n'ai pas eu droit à: «Et là le monsieur met son sexe dans celui de la maman et ça fait un bébé.» Ça fait la job, comme définition, mais il me semble que c'est aussi important, sinon plus, d'appeler cet acte «faire l'amour», pas juste «faire des bébés». D'expliquer que c'est une expérience qui peut et doit être agréable, magique, un échange exceptionnel entre deux personnes.

Réduire l'acte sexuel à la reproduction, c'est un peu comme manger pour se nourrir. C'est clair qu'il nous faut manger, mais tant qu'à ça, aussi bien savourer, goûter, déguster, croquer! Miam!

Un ti-peu obsédée que j'étais, j'ai bien évidemment longtemps anticipé ma «première fois». Parfois j'avais hâte, d'autres fois j'avais peur, mais j'espérais surtout que ça ne ferait pas trop mal et que j'aimerais ça. Faut croire que j'ai gagné le gros lot là-dessus. Encore une fois, comme vous l'avez lu dans le texte intitulé «Mon premier», j'ai eu la chance de vivre cette première expérience avec quelqu'un de précieux, et ça s'est passé mieux que j'aurais pu l'imaginer. Dorénavant, je savais ce que c'était, et je savais que, oh oui, j'aimais ça, aimer quelqu'un de tout mon cœur et de tout mon corps.

Les plus belles histoires d'amour donnent souvent aussi les plus belles histoires de sexe... mais pas toujours. Quelle déception quand on a de grands sentiments pour quelqu'un, mais que les échanges physiques, avec cette personne ne nous satisfont pas du tout! Ça arrive. L'intellect connecte, mais les corps ne se reconnaissent pas, la compatibilité des phéromones n'est pas au rendez-vous et le plaisir non plus. Il y a parfois moyen de remédier à ça, mais la chimie au lit, c'est comme l'amour: ça ne se commande pas.

Il existe aussi des gens qui ne sont clairement pas bons pour nous dans une relation, mais qui ont le don de nous propulser au septième ciel quand on s'envoie en l'air avec eux. Ce n'est pas mieux... en fait c'est parfois même pire, je crois. Ceux-là sont comme une drogue, très bon à court terme, très mauvais à long terme. Il s'agit souvent de relations toxiques, mais aussi de relations orgasmiques. Pas facile de mettre fin à ça... D'ailleurs, il n'est pas rare que le bon sexe étire les mauvaises relations. On peut même finir par se dire, pour justifier la prolongation d'une relation qui nous empoisonne, qu'on n'a que très peu de chances de retouver une si bonne connexion sexuelle...

C'est pourquoi il est important de déterminer ce qui est le plus important pour vous : trouver quelqu'un avec qui partager votre vie ou trouver quelqu'un avec qui partager votre lit ?

Ce qu'on recherche, généralement, c'est cette personne avec qui on peut connecter et vivre une symbiose, une expérience, une intimité qui nous est propre et privilégiée. Parce qu'on connecte avec nos yeux, nos mains, nos sens, notre cœur et, bien entendu, nos sexes.

Je n'écrirai pas un chapitre sur l'art de faire l'amour, il y a déjà des tonnes de livres sur le sujet. Il y en a pour tous les goûts, les orientations, de l'encyclopédie à la bande dessinée en passant par le *Kama Sutra* ; vous saurez bien trouver ce qui vous convient.

Je vais par contre tout de même prendre le temps d'effleurer quelques sujets qui me tiennent à cœur et à corps, et que je crois pertinent d'aborder. Ça peut toujours servir, autant pendant le célibat qu'au moment d'une relation, et puis... ben, je vous l'ai dit : le sexe c'est un de mes sujets préférés.

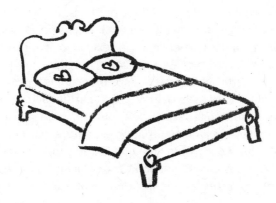

S'AIMER SOI-MÊME. Littéralement.

Qui dit être célibataire, dit aussi se coucher seul(e), à moins d'avoir un (ou trente-trois) chat(s).

Mais dormir en solo ne devrait pas forcément être synonyme de vie sexuelle inexistante. Soyons cru : pas de partenaire pour pratiquer son revers au tennis ? Pourquoi ne pas faire un peu de balle au mur, histoire de ne pas perdre la main ?

NON, on ne parle pas de Wimbledon. OUI, on parle de masturbation. Parce que si en plus d'être célibataire on se prive de sexe, c'est pour une « vie » de marde qu'on s'enligne. La frustration sexuelle, ça ne fait de bien à personne. Pas pour rien qu'on empêche les boxeurs d'avoir des relations sexuelles dans les jours précédant un combat ! On est des êtres sexués et sexuelles et un grand manque de sexe peut générer une frustration qui pourrait faire avancer bien des choses si c'était branché sur des dynamos !

Mais on le sait, la masturbation, c'est mal.

Oh ! Pardon ! Pendant deux secondes je me pensais en 1940. Ok, on recommence.

Mais on le sait, la masturbation, c'est tabou. Beaucoup de gens préfèrent ne pas en parler. Il y en a qui préfèrent faire semblant et affirmer que « eux », ils ne font pas ça. Il y en a même qui croient que c'est un fléau terrible et qu'il faut s'en défaire comme d'une dépendance à la drogue. Croient-ils encore que ça rend sourd ? L'Église catholique est toujours convaincue que c'est péché, en tout cas.

Et puis, il y a les gens comme moi : bieeeeeen à l'aise avec la sexualité. J'ai toujours été fascinée par la sexualité (pas juste la mienne), je suis tout à fait à l'aise pour en parler (sauf avec mes enfants, à qui je fais croire que je les ai achetés chez Ikéa et que leur papa et moi les avons assemblés dans le salon à l'aide d'une clé Allen) et oui, je suis de ceux qui croient que la masturbation, ça fait partie d'une vie sexuelle saine. Là-dessus, en fait, je suis pas mal d'accord avec George Carlin, qui disait : «Si Dieu n'avait pas voulu qu'on se masturbe, il aurait fait nos bras moins longs. »

Je suis bien d'accord avec George, mis à part le fait que je ne crois pas en Dieu. Mais je crois en le sexe en solo, oui.

Une des preuves que la masturbation est naturelle, c'est que beaucoup d'animaux s'y adonnent. Nous humains, êtres supposément évolués, on est la seule espèce à la condamner. Et condamner, n'est pas un mot choisi à la légère ! Pendant très longtemps, on a perpétué le mythe selon lequel elle rendait sourd, faisait pousser des poils dans la main, diminuait le plaisir du partenaire ou même constituait en soi une infidélité. Tout pour faire peur au monde!

À l'époque médiévale, on disait que se masturber, c'était avoir une relation sexuelle avec le diable, et c'était considéré comme pire que le viol et la pédophilie. Oui, juste ça. Ya des jours où il fait vraiment bon ne pas vivre au Moyen Âge, n'est-ce pas?

Aujourd'hui, heureusement, on sait que tout ça est faux. Vous le saviez, j'espère? Eh bien, sinon, vous allez vous coucher mieux éduqué sexuellement ce soir, et apparemment ce sera pas du luxe. Et tiens, pendant qu'on y est : non, faire de la corde à danser après avoir fait l'amour ne vous empêchera pas de tomber enceinte...

En fait, non seulement ce que l'on reproche à la masturbation est totalement faux, mais c'est tout le contraire! L'amour avec soi-même regorge de bienfaits. S'y adonner, c'est se gâter.

1. C'EST UN EXCELLENT RELAXANT!

Durant la masturbation, le cerveau libère des endorphines, ce qui procure une sensation de bien-être qui sera décuplée si l'orgasme est atteint. C'est comme un mini massage gratuit!

2. ÇA AIDE À DORMIR!

Le «Dieu seul me voit», comme on appelle parfois cette activité, permet au cerveau de libérer des endomorphines, reconnues pour favoriser le sommeil. En plus, la tension artérielle diminue. C'est donc une excellente combinaison pour rejoindre Morphée plus vite!

3. C'EST RAPIDE ET VOUS L'AVEZ SOUS LA MAIN

Il suffit habituellement de quelques minutes pour atteindre le nirvana, et tout l'équipement nécessaire se trouve au bout de vos doigts. Alors, pourquoi s'en priver?

4. ÇA FAIT DU BIEN... PARTOUT

Les endorphines libérées lors de la masturbation ont aussi des propriétés analgésiques. Ce petit plaisir peut donc contribuer à diminuer les migraines et les crampes. Répéter au besoin?

5. C'EST UNE BELLE FAÇON D'APPRENDRE À SE CONNAÎTRE SOI-MÊME

Un des secrets de la bonne entente sexuelle entre partenaires, c'est de bien connaître son corps et ses préférences et d'être capable d'en informer son compagnon. La masturbation est donc une occasion parfaite pour explorer vos préférences et, par le fait même, vous équiper pour une meilleure vie sexuelle de couple. Nirvana bien ordonné commence par soi-même!

6. ÇA PEUT PROLONGER VOTRE VIE!

Avoir un orgasme trois fois par semaine réduit de 50 % le risque de contracter une maladie cardiovasculaire et d'en mourir.

7. ÇA SE PASSE ENTRE VOUS ET ???

Un autre avantage réel de l'auto-orgasmothon, c'est qu'on peut penser à qui on veut pendant qu'on s'y adonne! Bienvenue dans le monde du fantasme, là où tout le monde peut être nu à son insu! Que ce soit Ryan Gosling qui vous allume, Scarlett Johansson, ou encore les deux ensemble, la seule limite, c'est votre imagination!

Je me souviens de mon tout premier orgasme. Le champion qui me l'a offert m'a expliqué que je pourrais revivre tout ça seule avec moi-même. C'est comme si on m'avait annoncé que je pouvais manger tout le chocolat du monde, gratuitement, sans qu'il me fasse engraisser. Ou presque. Disons que je venais de découvrir qu'un des plus grands plaisirs de la vie est gratuit et que je l'ai toujours sous la main, la droite dans mon cas.

Et quelle époque formidable que la nôtre! Ceux qui ont envie d'un petit extra, non seulement ont accès à une tonne de *sex shops* remplis de gadgets, mais peuvent aussi magasiner tout ça en ligne; juste le gadget, pas de malaise. Parce qu'avouons qu'il y en a beaucoup que ça gêne d'aller faire du shopping de vibrateur. Ce n'est pas mon cas, mais on a déjà établi que je ne suis pas la norme...

Je ne vous dis pas de passer vos journées à vous masturber et de risquer de vous retrouver avec un bras disproportionné, mais il n'y a pas de mal à se faire du bien. Au contraire. Vous pouvez jouer à la balle au mur tant que vous voulez, c'est pas comme si vous alliez tomber amoureux du mur ni comme s'il allait débarquer chez vous à quatre heures du matin pour faire une crise de jalousie quand vous rencontrerez un partenaire de tennis.

À une époque où on nous répète sans cesse qu'il est important de s'aimer soi-même, si c'est pas une délicieuse façon de le faire, ça, je ne sais pas ce qui le sera!

95

ET LA PORNO DANS TOUT ÇA ?

« La porno transmet aux jeunes une idée irréaliste et malsaine
de la rapidité avec laquelle un plombier viendra à la maison. »
AUTEUR INCONNU

Pour certaines personnes, avec la masturbation vient la consommation de pornographie. On va se dire les vraies affaires : on parle ici surtout des hommes. C'est correct, on a tous le droit de s'allumer comme on veut, mais il faut aussi faire attention au piège que peut constituer la porno.

On évolue dans une société où les pubs nous exposent à davantage de paires de seins que de paires de jeans, et où l'idéal féminin qu'on nous propose, telle la Barbie de Mattel, n'existe pas. J'ai moi-même vécu des épisodes assez épiques avec des gars qui ont clairement regardé trop de porno. C'est arrivé aussi à certaines de mes amies. Mais quels sont donc ces types d'hommes, me demanderez-vous, histoire qu'on les évite le plus possible ?

IL Y A :

✱ Le gars qui ne veut pas nous faire l'amour, mais nous plier comme Gumby ou Nadia Comaneci. Il nous plierait comme un trombone. Avec lui, quand une femme crie, c'est pas nécessairement de joie. En passant, je connais un bon chiro.

✱ Le gars qui pense que tout orifice doit nécessairement être rempli. Ça, c'est le genre de gars qui risque de nous donner un belle infection urinaire, mais pas le médicament pour la soigner. Vous pouvez épeler « ayoye » ?

✱ Le gars qui joue avec son corps, mais dans sa partenaire. Il n'est pas réellement avec elle. Il se regarde, il se trouve bon, il se trouve beau, il s'analyse. Plus il est en sueur, plus il croit qu'il performe. Ce gars-là est bon pour brûler des calories tout en faisant mentalement sa liste d'épicerie. Avec lui, c'est plate à mort. Et là, je ne parle pas de la liste d'épicerie.

✱ Le gars qui se donne des défis : «Je vais trouver son point A, son point D, son point G, la transformer en femme fontaine et lui donner le goût d'expérimenter à trois, à quatre et plus.» Ce gars-là s'est dressé une *to-do list* de sexe et chacune de ses partenaires en est une des participantes. Je. Les. Plains.

La PORNO, c'est aussi près de la réalité que le spectacle *O* du Cirque du Soleil l'est d'un après-midi à la piscine publique. Non seulement personne, dans la réalité, ne baise à cette vitesse-là ni avec cet enthousiasme-là, mais c'est du travail, pas du plaisir. Les filles sont maquillées au *gun* à peinture, les gars sont sur le Viagra, une équipe complète leur dit comment se placer, crier, sourire... C'est aussi naturel qu'un Big Mac !

Prendre la pornographie pour référence afin d'apprendre à faire l'amour, c'est nul. À moins évidemment de tomber sur une fille qui est elle-même convaincue que c'est comme ça que c'est supposé se passer. Et elle, je sors mes kleenex pour la regarder parce que c'est triste. Se gaver de porno est bien moins inoffensif que certains voudraient nous le faire croire. Alors restons réalistes : la porno, ce n'est pas la vraie vie, et c'est encore moins la vraie sexualité.

LA PREMIÈRE NUIT D'AMOUR

Vous souvenez-vous, quand vous étiez petit, d'avoir compté les jours avant que Noël arrive?

Plus ça approchait, plus vous étiez excité. Le 1er décembre, vous amorciez avec bonheur votre calendrier de l'Avent, le 15 décembre, la magie commençait à opérer solidement, le 23 vous ne teniez plus en place, vous pensiez à Noël aussi souvent qu'un homme, apparemment, pense au sexe, soit à peu près toutes les sept secondes. Ça vous rappelle quelque chose?

Alors maintenant, imaginez si vous n'aviez eu aucune idée de ce qu'est Noël, et qu'un 25 décembre au matin vous aviez découvert le sapin, les cadeaux dessous même pas emballés, et qu'on vous avait dit: «Allez, vas-y, c'est pour toi.» Pensez-vous que vous auriez éprouvé la même émotion, la même fébrilité? J'en doute profondément.

Il y a quelque chose de merveilleux dans l'attente et dans le désir. Il a d'ailleurs été prouvé qu'une grande partie du bonheur de voyager réside dans la préparation du voyage comme tel. Le voyage nous rend heureux avant même qu'on soit sorti de chez soi, ça veut dire beaucoup, vous ne trouvez pas?

Si lors d'un premier ou deuxième rendez-vous la chimie est extraordinaire, le désir abonde, les phéromones sont explosives, allez-y... *Frenchez-vous* à bouche que veux-tu!

Ça nous a tous contentés pendant bien des années au secondaire, vous souvenez-vous comme c'était l'fun? On attendait la fin des danses pour les fameux slow, on ne louait pas des chambres dans des hôtels offrant des siestes! On s'embrassait et plus rien ne comptait sauf les tours de langue.

Mon ex-fiancé, le soir où je l'ai rencontré, m'a raccompagnée à mon scooter, a posé ses lèvres sur les miennes et n'en a pas décollé pendant des heures, sauf pour dire des «wow» et des «*oh my God*». Bien entendu, on avait le désir qui nous sortait par les oreilles, mais c'est un merveilleux souvenir, probablement un de mes meilleurs à vie. Je suis arrivée chez moi frénétique comme une adolescente, mais avec la fierté d'une adulte. Je n'avais pas cédé à mes désirs d'aller lui jouer sous la ceinture. Et j'étais ravie et émoustillée comme rarement je l'avais été.

Il y a quelque chose de fantastique dans l'art d'attendre et d'imaginer. Si un des deux insiste très fort pour tout de suite «passer à la casserole», personnellement, je le prends comme un mauvais signe. Si quelqu'un n'est pas capable d'attendre au deuxième ou au troisième rendez-vous, il y a de fortes chances que ce soit parce que cette personne n'envisage pas un deuxième ou un troisième rendez-vous. S'il faut coucher pour se revoir, eh bien, soyons logiques, et ne nous revoyons pas. Passez votre tour, mettez votre dignité dans votre poche d'en arrière et gardez vos cadeaux de Noël pour quelqu'un qui a envie de vous aider à décorer le sapin. La magie de Noël, ça se crée.

«Et le sexe pour le sexe?» me direz-vous. «On est pas faits en bois!» Oui, oui, je sais. Eh bien pour vous, mes fringants impatients, voici:

« *LE*

ONE-NIGHT

STAND

POUR

LES

NULS ».

Je l'ai déjà dit, avec quelqu'un qu'on espère revoir ailleurs qu'entre les draps ou sur la banquette arrière de la voiture, je ne crois pas que ce soit une bonne idée de passer au lit le premier soir. Ce n'est que mon opinion, libre à vous d'en faire ce que vous voulez.

Cependant, qui dit sexe dit aussi sexe d'un soir, celui qui n'est rien d'autre que ça: du sexe pour un soir. Le *one-night stand*. Parce qu'en effet on n'est pas faits en bois, et parce qu'un être vivant est un être sexué, ben oui, ça arrive.

Et laissez-moi vous dire qu'il existe autant de positions concernant le *one-night stand* qu'on peut en pratiquer durant celui-ci. Il y a ceux qui adorent, qui sont pro *one-night stand*: «Moi, quand j'ai envie de baiser, j'ai envie de baiser! Suffit que je trouve quelqu'un de mon goût, un endroit, un condom, et bang et rebang bang!» Il y a ceux qui les collectionnent, les pros du *one-night stand*. «Avec combien de personnes j'ai couché? Hum... Je sais pas. Dans les trois chiffres, mettons?» Et il y a ceux qui détestent, l'idée seule les écœure au plus haut point, les pas-pro du tout: «Ark! Moi, du sexe pour du sexe, pas capable! Il faut que je ressente quelque chose pour la personne. Je ne comprends pas comment les gens peuvent faire ça! C'est... sale! On n'est pas des animaux!»

Bien sûr, parfois un *one-night stand* n'était pas prévu. On s'aperçoit qu'on vient d'en vivre un en même temps qu'apparaît la gueule de bois... parce que oui, ce genre d'événement est souvent précédé d'une consommation importante de drinks et de shooters. Pas pour rien qu'on dit souvent que l'alcool permet aux gens moches de baiser. On sait bien que si l'amour est aveugle, l'alcool peut parfois rendre le non-amour myope... «Je me suis réveillée toute nue à côté de lui et je me suis dit: "Oh my God, non!" Si c'était bon? Je l'sais-tu, moi! J'me souviens même pas de son nom!!!»

Quand on a des *one-night stands* à répétition avec le même partenaire (sur plusieurs jours, non sur plusieurs surfaces), on finit par dire qu'on est amants, *fuck friends*, copains-copule, *friends-with-benefits* ou encore *friends-with*-ben-des-fesses. On couche ensemble, mais y a pas d'amour, du moins... pas des deux bords, en tout cas.

Parce que c'est ça qui vient toujours mêler la patente: les #*%?¢ de sentiments. Idéalement, il ne FAUT PAS avoir de sentiments pour l'autre personne lors d'un *one-night stand*. Sinon, FAUX PAS, on risque une mini craque (de plus!) dans le cœur. En gros, le fait d'éprouver des sentiments pour votre partenaire de *one-night stand* risque majoritairement de vous éprouver vous.

Le *one-night stand* idéal, c'est celui où l'on passe la nuit avec quelqu'un qui nous attire, qu'on désire, et qui nous désire aussi, mais pas trop. «J'ai envie de ton corps, mais pas de ton cœur.» Comme dans: sois belle et tais-toi, mais plutôt à la sauce: sois beau (belle) et baise-moi.

Bref, vaut mieux s'attarder à regarder et à désirer l'autre qu'à trop lui jaser, qu'à trop lui demander de penser. C'est du sexe d'un soir qu'on envisage ici, un échange de fluides, pas un débat d'opinions sur les grands enjeux mondiaux. Conséquemment, on opte plus pour «Qu'est-ce que tu manges en hiver pour être *cute* de même?» que pour: «Toi, le conflit israélo-palestinien, t'en penses quoi?»

Vaut mieux demander à l'autre c'est quoi sa position préférée que sa position sur la souveraineté.

LES RÈGLES ÉLÉMENTAIRES DU *ONE-NIGHT STAND*

Pour qu'un *one-night stand* soit une réussite, il faut le voir un peu comme une partie de Monopoly. Vous venez de remarquer quelqu'un qui a une face à jouer et avec qui vous avez envie de faire une partie? Tâtez le terrain à coups de phrases pas trop subtiles ou de textos *kinky*, et si la personne a envie de jouer avec vous, ben *yeah*! Passez par *Go* pis laissez faire le 200.

Comme au Monopoly toutefois, les règles ne sont pas les mêmes pour tout le monde. Parce qu'un *one-night stand* dans le fond, c'est ça: jouer aux fesses avec un partenaire. Rappelez-vous de vos parties de Monopoly. Combien de fois vous vous êtes obstiné avec quelqu'un qui refusait que vous mettiez l'argent des impôts dans le milieu parce que lui ne jouait pas comme ça et n'avait jamais joué comme ça? Hein?

C'est ça aussi, un *one-night stand*: essayer de trouver une façon commune de jouer. Et là, hélas, il n'y a pas de feuillet des règlements auquel se référer. Et NON, la porno n'est pas une référence, au contraire. J'ai vécu et entendu des histoires qui me font réaliser que certains abusent du *one-night stand* et de la personne qui se fait *one-night stand-er*.

Ce n'est pas parce qu'il s'agit d'une histoire d'un soir que vous pouvez dépasser les bornes. C'est pas comme au restaurant en voyage, quand on se dit: «Pas besoin de laisser de pourboire, on reviendra jamais ici de toute façon!» Il est question ici d'une personne et de son corps, pas du *tip* pour un club sandwich avec un Pepsi.

Comme dans toute relation sexuelle, il faut être attentif aux réponses de l'autre à nos paroles et à nos gestes, et s'assurer que tout se fait dans un consentement mutuel. On n'a pas le droit de tout faire, tout n'est pas permis, et c'est pas parce qu'on est en manque qu'on doit manquer de jugement. Si l'autre dit «non, moins vite, moins fort», s'il vous repousse dans votre geste, a l'air horrifié ou essaie de se sauver, ce n'est PAS bon signe. Si ce portrait vous rappelle vos derniers *one-night stands*, vous devriez probablement prôner la masturbation d'abord. Et peut-être même consulter, tiens...

À toi, le gars qui essaie de reproduire ce qui se passe dans un film porno : un *one-night stand* n'est pas une compétition pour se qualifier aux Records Guinness du sexe. Vas-y au *feeling* plutôt qu'au scénario. Essaye d'imbriquer autre chose qu'un sexe dans un autre (par exemple, manifester le désir d'entrer dans les «annales» du partenaire...). Lors d'une première rencontre, même si c'est une rencontre purement sexuelle, c'est un *big no-no*, à moins qu'on t'en ait fait spécifiquement la demande.

Autre conseil : même si un *one-night stand* n'est que ça, ce serait gentil de ne pas partir comme un voleur après. C'est pas parce que ce n'est que du sexe qu'il faut enfiler ses bas avant d'avoir enlevé son condom. C'est ordinaire et, généralement, devant un tel comportement, les filles se sentent comme des prostituées. Z'êtes pas obligé de rester pour faire des crêpes Suzette, mais ne pas déguerpir tout de suite après, c'est tout à votre honneur.

Et de grâce, messieurs, ne dites pas merci. Ça part sûrement d'un bon sentiment, mais c'est vraiment, vraiment malaisant pour tout le monde.

Enfin, messieurs, il faut toujours garder en tête que jouer aux fesses, ça implique avoir du fun, d'où le terme «jouer». Et idéalement, du fun pour les deux partenaires. Si vous êtes à la recherche de plaisir égocentrique, des professionnelles se feront un plaisir de répondre à vos attentes.

Malheureusement, l'alcool, la drogue ou les deux sont souvent présents avant ou même pendant un *one-night stand*. Ça ne regarde que vous, vos poumons, votre foie et votre cerveau, mais je vous souhaite à tous d'être assez présents pour ne pas oublier de vous protéger. Déjà qu'il arrive qu'on regrette nos histoires d'un soir, pas besoin de devoir prendre des antibiotiques non plus. Et élever un enfant avec quelqu'un avec qui on n'a passé que quelques heures, c'est rarement un bon plan de vie. Alors protégez-vous. Même si la personne vous jure qu'elle est *clean*. Plusieurs maladies sexuellement transmissibles sont asymptomatiques. On peut être convaincu de ne rien avoir et pourtant être porteur d'une ou même de plusieurs maladies. Et si quelqu'un insiste en vous disant : « Mais je te dis que je suis clean », répondez : « Je comprends, mais moi, je suis loin d'être sûr que je le suis. » En général, ça fait effet. Et si la personne vous répond que ça ne la dérange pas... Hum, j'ai pas besoin de vous faire un dessin, *right* ?

Toutes les études s'entendent pour dire qu'une vie sexuelle satisfaisante fait partie d'un mode de vie sain. Le sexe, c'est bon pour le moral, pour la peau, pour le cardio, et surtout, c'est bon... quand c'est bon !

Alors si vous avez l'occasion ou le goût d'avoir un *one-night stand*, eh bien pourquoi pas ? Tant que vous vous protégez le sexe, le cœur et la dignité.

AVEC PAS D'ATTACHES

Vous voulez absolument du sexe, vous voulez vous sentir proche de quelqu'un, mais sans qu'il soit véritablement dans votre vie? Vous avez peut-être besoin d'un *FF* (indice: ça rime avec *duck trend*) ou un CC (copain-copule).

Est-ce que c'est une bonne idée? Pas sûre. Les dangers? À part le cœur, qui peut suivre même quand on lui dit non, il y a le corps. On peut espérer d'un chum qu'il soit fidèle et loyal, mais d'un CC, un peu moins.

Voici le b.a.-ba d'une relation gagnante avec votre CC.

✳ PROTÉGEZ-VOUS

En partant, pour s'assurer de bons rapports avec son CC (et avec son médecin): on porte un condom à chaque relation sexuelle. Plusieurs hommes et femmes plus âgés redoutent les condoms, alors que les plus jeunes n'ont souvent pas même suivi de cours de sexualité à l'école. Peu importe: on le porte ou c'est la porte.

Les filles, n'ayez pas peur d'en avoir avec vous, c'est la meilleure méthode pour éviter de vous faire dire: «Oh non, j'ai oublié d'en apporter!» Et si vous n'en avez pas et que le gars insiste pour faire ça sans condom, allez-y d'un: «Ok, mais ne viens pas te plaindre que ça te pique après.» Efficacité garantie.

✳ DÉTACHEZ-VOUS

Là, on ne pense pas aux menottes ou aux barreaux du lit, mais à votre cœur. C'est pas toujours facile, surtout pour les filles. Quand on partage des orgasmes avec quelqu'un, on s'attache petit à petit à cette personne, c'est physiologique! Alors si cette relation-là s'enligne pour ne se dérouler qu'à l'horizontale, il est important de garder ça en tête.

✳ ÉCLATEZ-VOUS

Si vous êtes dans une bonne relation de sexe sans attaches, profitez-en donc pour prendre votre pied! Vous ne devez pas revoir cette personne, ou ne devez la revoir que dans le noir, alors c'est le temps de vous gâter et d'être plus aventureux au lit. Mangez de la bouffe sur son corps, tapez-lui les fesses, tapez-vous les fesses. Sortez les fantaisies que vous trouviez trop gênantes pour en parler dans vos autres relations. (Si vous rêvez de vous promener en couche et de l'appeler papa, on ne veut pas le savoir cependant. C'est vos affaires!)

✳ CHOISISSEZ LE BON

Il y en a qui utilisent un de leurs ex comme CC. C'est même une pratique courante. On sait qu'on a une bonne chimie au lit, mais notre couple n'a pas fonctionné. Faites ce que vous voulez, par contre je dirais de rester loin de vos bons amis si vous voulez les garder. Si ça tourne ou ça baise mal, il faut être prêt à perdre cette personne.

Autres règles de base :

— De grâce, ne tombez pas amoureux (ce serait improductif).
— Établissez des règles claires. (On s'appelle ? On se texte ? Quand ? Combien de fois par semaine/mois ? Etc.)
— Textez ou parlez-vous seulement pour des rendez-vous sexuels.
— Voyez-vous seulement au lit. Ou par terre. Ou sur le comptoir. Pas de rendez-vous amoureux !
— Ne vous embrassez pas pour vous dire au revoir. La prostituée dans *Pretty Woman* refuse d'embrasser et ce n'est pas pour rien. On l'oublie souvent, mais s'embrasser, c'est très intime et ça peut nous donner le goût de nous attacher. Ça fait qu'un « Salut, c'était ben l'fun, à bientôt » fera la job.
— Imaginez-vous en couple avec quelqu'un d'autre. Au moins mentalement. Imaginez-le/la donc aussi avec un/une autre partenaire (pas assez pour vomir, juste assez pour garder les pendules à l'heure).
— Ne soyez pas jaloux. Cette personne-là n'est PAS en couple avec vous.
— Si l'un des deux est en train de tomber amoureux d'une autre personne, c'est que c'est le temps d'arrêter de vous voir.
— Si l'un des deux est en train de tomber amoureux de l'autre, c'est que c'est le temps d'avoir une discussion sérieuse.
— Rappelez-vous que ça finira un jour. Un jour, un ou l'autre ou les deux vont trouver quelqu'un d'autre. Ça peut être excitant pour certains de coucher avec quelqu'un qui est en couple et de risquer de se faire prendre à tout moment. Mais c'est non.

Et puisqu'on dit « C't'à toi les oreilles, fais donc à ta tête », pourquoi ne pas aussi se dire : « C't'à toi la bizoune, fais donc à ta libido ! »

AVEC PAS DE LIBIDO

Je devais avoir vingt-deux ans. C'était le barman du bar que je fréquentais depuis quelque temps. Quand je l'ai rencontré, ça a été pas mal proche du coup de foudre. À cette époque-là, je sortais souvent. Très souvent. Si je me souviens bien, j'étais là les vendredis, les samedis et parfois même les jeudis et dimanches.

Comme je sortais presque toujours dans ce bar, je le voyais souvent. Il avait ce petit je-ne-sais-quoi. C'était pas le plus beau, mais il avait quelque chose dans l'œil qui tombait systématiquement dans le mien. Et, gros atout: il me faisait beaucoup rire. À cette époque, je me faisais aborder par pas mal de gars, mais c'est avec lui que je flirtais le plus, et il me le rendait bien. Un soir je me suis décidée et je lui ai demandé si je pouvais l'attendre à la fin de son *shift*. Il m'a dit que ce serait avec plaisir, grand sourire à l'appui. Bingo. La madame était contente.

Je l'ai attendu, on est partis ensemble, on a appris à se connaître au fil des semaines, tout nus comme habillés, on s'est fréquentés en bonne et due forme. Quelques semaines plus tard, on était en couple. On faisait plein de trucs ensemble, de la musique, de la randonnée, des soupers entre amis et, ben oui, on faisait l'amour.

Et à ce niveau-là aussi, on s'entendait pas mal bien. Du moins au début. Parce que j'ai dû me rendre à l'évidence: plus le temps avançait, et moins mon mec à moi et moi on «le» faisait. J'ai réalisé que moi, jeune poulette qui n'avais que rarement été du côté du «Non, pas ce soir» du matelas, pour la première fois de ma vie, j'étais devenue celle qui initiait les relations sous la couette.

C'est moi qui me frottais sur lui et lui susurrais des langoureux «Chééé-rrrii...». C'est aussi moi qui me heurtais souvent à des «Je suis fatigué» et à des «On pourrait pas juste se coller?». Comme beaucoup de filles, je l'ai pris vraiment personnel et très à cœur. Ça, c'est la façon polie de dire que je *fucking* ca-po-tais. Je me disais:

— Il n'a pas envie de moi.
— Il ne me trouve plus de son goût.
— Il me trompe.
— Il ne m'aime plus et ne sait pas comment me le dire.
— Il pense encore à son ex.
— Il est gai.

Parmi tout ça, il y avait aussi toutes sortes de combinaisons parmi ces théories. Par exemple :

— Il n'a pas envie de moi/parce qu'il est gai.
— Il ne me trouve plus de son goût/alors il me trompe.
— Il pense encore à son ex/il ne m'aime plus et ne sait pas comment me le dire.

Ne jamais oublier qu'une fille, ça a BEAUCOUP d'imagination.

Ma tête était comme un manuel de philosophie du cégep : ben des questions et tellement pas de réponses. Alors j'ai pris mon courage à une main, une bière de l'autre, et je lui ait dit qu'il fallait qu'on se parle. Je lui ai demandé ce qui se passait avec notre pas-de-vie-sexuelle et si c'était dû à… insérez toutes les théories que vous pourrez imaginer.

Toutes mes présomptions étaient épicées de ses « Non ! », « Ben non, pas du tout ! » et même de « Oh ma pauvre chérie, j't'aime ! », avec des petits becs pis toutes les affaires qui alimentent l'amour chez une fille.

C'est là qu'il m'a avoué qu'il n'avait jamais été très « sexe ». Qu'il voyait bien que la plupart des gars étaient pas mal plus portés sur la chose, qu'il se sentait un brin différent, mais que c'était comme ça. Il me trouvait toujours autant de son goût, je lui plaisais vraiment, il voulait réellement poursuivre une relation avec moi, mais pour lui, faire l'amour, finalement, c'était un peu comme le resto : de temps en temps, mais pas trop souvent.

Le problème, c'est que je suis plus du genre qui ne va pas ben ben au resto : je cuisine vraiment bien et avec beaucoup de plaisir. En plus, même si je m'en sors très bien toute seule, ce que j'aime le plus c'est cuisiner pour deux. Pas de *fast food* pour moi, je suis du type pique-nique, on trouve un coin confortable, on profite et on déguste.

J'ai essayé de me faire à l'idée de vivre avec un homme au désir sporadique. Sur le reste, on s'entendait à merveille ! Mais son pas-de-libido a fini par éteindre complètement la mienne. Je ne me sentais plus désirée, je devenais presque paranoïaque à lui imaginer des aventures (les barmans sont toujours en train de se faire cruiser !). La relation a fini par s'effriter et on s'est laissés. Pas juste à cause de ça, mais… Oui, quand même pas mal à cause de ça.

Je pense que la libido des deux personnes dans un couple, c'est vraiment super important. Il n'y a pas de bonne ou de mauvaise intensité. Pour certains, une fois par mois c'est suffisant. Pour d'autres, le bouton panique n'est jamais loin quand ça tombe à moins de quatre fois par semaine. À chacun(e) sa libido. Le secret, c'est de trouver pour partenaire quelqu'un qui a un peu la même, pour que tout le monde soit satisfait.

Si vous êtes carnivore, c'est sûr que vous pouvez fréquenter un végétarien ou même un végétalien. Mais il se peut que ce soit pas toujours simple de vous nourrir en couple. Il se peut que vous ayez souvent à vous retrouver au milieu. Il se peut aussi qu'un de vous deux soit insatisfait, en manque de quelque chose. La frustration sexuelle, c'est comme une goutte d'eau qui coule d'un robinet: au début, on ne l'entend pas trop, puis après un certain temps... Boum! On se dit que ça va nous rendre fou et il faut passer à l'acte.

Je crois que le sexe est super important dans une relation de couple (vous avez le droit de ne pas être d'accord, ça aussi ça fait partie de l'aspect libido, l'importance qu'on lui donne). Je sais que je ne pourrais pas être avec quelqu'un dont la libido fonctionne à temps partiel. Je ne peux pas, c'est comme ça. J'ai besoin de désirer et de me sentir désirée. Pas tout le temps, mais souvent. Et quand je commence à répondre à mon amoureux plein de désir que je suis fatiguée ou que j'ai mal à la tête, ça veut généralement plutôt dire que:

— je ne suis plus amoureuse;
— le sexe est poche;
— très, très rarement: que je suis fatiguée ou que j'ai mal à la tête.

C'est clair que le sexe ne devrait pas être le critère de base pour former un couple, mais il ne faut pas négliger son importance non plus. S'il n'y a pas de sexe, il s'agit d'amitié, finalement. Oui, il y a la tendresse et tout le reste, mais pour moi, l'amour sans sexe, c'est un peu comme la bière sans alcool. Je comprends pas trop pourquoi j'en boirais, à moins d'une contre-indication spécifique, mais je ne juge pas celui qui en boit. Ça fait plus de bière alcoolisée pour moi! Ha! ha! ha!

Un de mes ex m'a déjà dit: «Se coucher à côté de toi et ne pas te faire l'amour, ça devrait être une infraction.» C'est intense un peu, mais ça a quand même fait le plein de mon désir pour un bon mois minimum. Parce qu'en plus, je sais qu'il le pensait, et se sentir désiré, ça alimente beaucoup le désir.

En fait, le désir c'est un peu comme la saucisse Hygrade: plus de gens en mangent parce qu'elles sont bonnes, elles sont bonnes parce que plus de gens en mangent... Issshh, pardon pour l'image. Trouvons une autre comparaison...

Ah, je sais! La libido, l'envie de faire l'amour, dans le fond, c'est un peu comme le parc d'attractions : c'est vraiment génial de trouver quelqu'un qui a envie d'y aller aussi souvent que soi et qui aime le même genre de manèges.

Pas pour rien que les adeptes s'achètent des passes de saison!

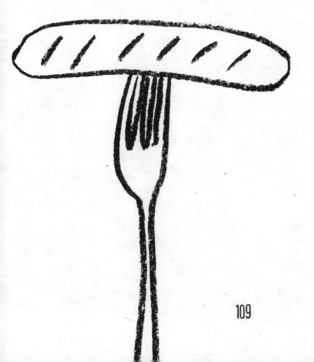

DURS LENDEMAINS

« QUAND JE SUIS EN PEINE D'AMOUR, JE MANGE MES ÉMOTIONS.
OUI, LE CHOCOLAT, C'EST UNE ÉMOTION. »

ANNE-MARIE DUPRAS

LEXIQUE

Une vie amoureuse comporte bien entendu un passé parsemé d'ex-amoureux et d'ex-amoureuses. Ces ex, il y en a de toutes les sortes.

Voici les plus communs. En avez-vous connu, des comme ça?

CEUX QU'ON VOUDRAIT OUBLIER :

L'EXit : Celui qui a pris ses jambes à son cou.

L'EXprès : Il savait qu'il allait nous quitter, mais il a laissé traîner ça aussi longtemps que possible. Aussi communément appelé le trou de cul.

L'EXtérieur : Celui qu'on doit garder le plus loin possible de notre intérieur.

L'EXécrable : Celui qui nous a fait de la peine comme s'il aimait ça.

L'EXcommunié : Celui qu'un exorcisme et quelques messes vaudou n'auraient pas réussi à chasser de notre mémoire. Celui qu'on doit travailler fort à oublier, ce qui peut inclure : brûler ses choses.

L'EXcrément : Une vraie mauvaise personne qui n'est pas digne de nous avoir eus, et qui nous donne mal au ventre chaque fois qu'on la voit.

CEUX QU'ON A DE LA DIFFICULTÉ À OUBLIER :

L'EXemple : Celui auquel on compare toutes nos relations subséquentes.

L'EXcitant : Celui qui fait dire non à notre cœur et à notre cerveau, mais qui fait dire oui à notre libido.

L'EXtraordinaire : Celui qui était quasiment parfait.

L'EXception : Celui qui n'était pas notre genre, mais qui nous a vraiment pris par surprise.

CEUX QUI NOUS ONT SERVI DE LEÇON:

L'EXutoire: Celui qu'on a fréquenté pour se faire gâter ou pour en oublier un autre.

Le FedEX, ou l'EXpéditif: Celui qui nous a appris que certaines choses ne devraient pas être livrées si rapidement.

L'EXplorateur: Celui qui nous en a fait découvrir... au lit.

L'EXpert: C'est ben le fun, quelqu'un qui connaît tout, mais celui-là nous apprend seulement que c'est désagréable de se faire expliquer des choses à longueur de journée, surtout par quelqu'un qui a tort. On le connaît aussi sous le nom de Ti-Jos Connaissant.

L'EXtrême: Le bipolaire non diagnostiqué qui se promène entre Capitaine Bonheur et Messire On-s'tranche-tu-les-veines.

LES AUTRES:

L'EXotique: Celui qu'on rencontre en voyage.

L'EXtase: Celui qui met le «Oh» dans Orgasme.

L'EXaucé: Celui qu'on espérait tellement, tellement!

L'EXcentrique: Celui qui nous fait nous poser de sérieuses questions sur sa santé mentale (et par conséquent la nôtre, puisqu'on l'a fréquenté).

L'EXtra-terrestre: Celui qu'on ne comprend pas, qui ne nous comprend pas non plus, et qu'on a juste le goût de renvoyer sur sa planète.

Et malgré tous nos ex, le meilleur,
on espère toujours que ce sera le **nEXt**.

LA PREMIÈRE CRAQUE D'ANNE-MARIE

J'avais quinze ans environ quand j'ai vécu ma première vraie peine d'amour. J'avais déjà vécu des mini-ruptures, mais pas encore de cet ordre-là. Faut dire que je n'avais jamais aimé à ce point-là non plus.

Vous savez de quoi je parle. La grosse qui fait mal. La fois où. La fois où on pleure à en avoir mal à la face. La fois où on crie: «Oui, mais je l'aiiim-mmeeeuuuuuuuu!!!!» La fois où on vit en symbiose avec un sac de chips ou un pot de crème glacée. La fois où on écoute beaucoup trop de musique beaucoup trop triste comme pour s'auto-motiver à continuer de pleurer.

À l'époque où j'essayais de me remettre de cette rupture, j'écoutais une toune qui finissait avec des paroles du genre: «... pis je vais mourir, pis ça va être ta faute.» Une excellente toune, mais un peu lourde. On aurait pu s'en servir pour faire des poids. Mais c'était celle de ma première craque, et cette craque-là, elle fait mal, elle marque et elle se démarque. On se souvient tous de la première fois qu'on a fait l'amour, mais il est aussi bien vif, le souvenir de la première fois où on nous a défait l'amour.

Quand mon jeune amoureux m'a brisé le cœur, j'ai cru que j'allais en mourir. Une première brèche dans mon cœur d'amoureuse, une hémorragie de l'âme, un grand crac! qui a fait très mal. Et pas un diachylon, pas un béqué-bobo ni aucune application de mercurochrome ne peuvent soulager cette craque. Ça prend de la musique triste, de la bouffe et, souvent, en vieillissant, de l'alcool et autres engourdisseurs de l'âme.

Pour cette première craque, j'ai eu la chance d'avoir le soutien de mon grand frère. Ou bien il avait un grand cœur, ou bien il avait juste son voyage de me voir brailler et d'entendre jouer la même foutue toune en boucle.

Il m'a emmenée chercher mes choses chez mon désormais ex. Avant de partir, il a versé un grand verre de cognac et m'a dit: «Bois ça.» Moi qui avais à peine goûté une bière, j'étais un peu pas mal figée. Mais ses yeux me disaient: «Envoye, tu vas en avoir besoin!» Donc j'ai calé, puis on y est allés. Le chemin le plus long et le plus triste, du moins du haut de mes quinze ans. Parce que d'autres longs chemins de marde, aujourd'hui j'en ai plein les souliers. Rendue là-bas, c'est en pleurant comme une madeleine que j'ai ramassé mes choses et les ai mises dans un sac. (Non, mais à quand le sac de rupture portant l'inscription «*Don't call us, we'll* câlisse»?).

On est rentrés, je pleurais encore, mais j'étais aussi un peu pompette, alors c'était du grand n'importe quoi. Disons que mon frère s'en souvient probablement mieux que moi. Et j'ai continué de pleurer et d'écouter la toune pendant des semaines. Puis des jours. Puis un moment donné j'ai enlevé la cassette du *tape*-cassette et je suis passée à autre chose. Je me souviens plus comment s'appelait cette autre chose-là, par contre...

Ce fut un des grands points de départ de ma vie amoureuse de marde. C'est pas mal ce jour-là que j'ai compris que l'amour, ça peut faire ben mal au cœur... pis que le cognac aussi.

LA PREMIÈRE CRAQUE D'ANNIE

Ma première craque, c'était avec un beau gars. À vrai dire je ne le trouvais pas beau avant qu'on me demande si je le trouvais beau. En fait, je ne savais même pas qui il était quand on m'a demandé si je le trouvais beau. Mais oui, je le trouvais beau. Quand je l'ai vu... grand, fort et sans acné, ça m'a chatouillé un peu les intérieurs. Je suis devenue toute rouge et je suis allée me cacher dans les casiers de peur d'hyperventiler devant mes amies.

Il sortait avec quelqu'un, qu'on m'a dit. Et là il ne sortait plus avec, qu'on m'a dit aussi. Apparemment leur rupture avait été épique, du genre que le gars gardait en souvenir le bracelet d'hôpital que sa dulcinée avait porté au moment de se faire avorter. Ils auraient probablement dû rester ensemble, mais tsé, on était en deuxième secondaire, et leurs parents étaient un peu contre leur relation (si «un peu» signifie: interdire aux jeunes de se voir coûte que coûte). Le gars avait beau faire six pieds et être bâti comme un joueur de hockey (probablement parce qu'il jouait au hockey), sa blonde et lui n'avaient toujours que quatorze ans, et se battre contre la société comme dans *Roméo et Juliette*, ça ne finit jamais bien.

Un jour, alors que j'étais chez lui, il a appelé sa nouvelle blonde (sa *rebound*), une fille qui jouait au hockey dans son équipe (*Go girl go!!!*). Là, comme ça, au téléphone, il l'a laissée pour sortir avec moi. Je ne me rappelle plus ce qu'il lui a dit, mais quand il a eu raccroché, il était libre. J'aurais peut-être dû mémoriser sa conversation...

Ce gars-là a été mon premier presque tout. Mon premier *french* avec quelqu'un que je trouvais *hot*, mon premier «Ah mon Dieu je veux qu'il me touche», mon premier «On devrait pas, mais on va faire l'amour parce qu'on ne sait pas se parler». Au moins il avait mis un condom... J'ai passé des journées entières dans son sous-sol à Ville Saint-Laurent à me demander combien de fois on peut faire «la chose» avant que ça chauffe. Mettons que je ne le connaissais pas assez pour réellement être amoureuse de lui, mais j'aimais partager une intimité avec lui, être proche de quelqu'un comme ça.

Après trois mois, je suis partie en voyage avec ma famille pour une semaine. Je ne me suis pas ennuyée. Lui non plus. C'était censé vouloir dire qu'il n'y avait plus rien entre nous.

Il m'a appelée avant le retour à l'école. Son *pitch* de casse? «Um... Tsé ce que j'ai dit à la joueuse de hockey? Ben, c'est ça pour nous aussi.»

— Ah, ok. Ben...

Je ne savais pas trop quoi dire. J'ai pas pleuré. J'ai sûrement eu les larmes aux yeux, vu que je ne suis pas un robot, mais je ne voulais pas lui donner la satisfaction de m'avoir fait de la peine, ni le faire sentir mal à l'aise.

Je n'ai pas écouté de tounes de rupture, de chansons pour pleurer ma pauvre petite âme en peine... J'ai regardé des téléromans américains. Ça, ça nous fait sentir des choses (au début, une grande tristesse pour l'humanité en général, mais une fois qu'on embarque dans l'histoire, on rit, on pleure, on crie après la télé - je le recommande).

Cependant, ce garçon a ruiné Metallica pour moi. C'est ça qu'il écoutait avec ses amis et c'était une des choses qu'on avait en commun. Bien là, j'ai été pognée pour avoir le même sentiment de marde de quand il m'a laissée chaque fois que *Nothing Else Matters** jouait, pendant cinq ans – j'étais conditionnée comme le chien de Pavlov.

Quelques années plus tard, je me suis mise à penser que je m'étais très bien remise de cette première rupture. À vrai dire, j'ai fini par coucher avec tous ses amis... Un brin passif-agressif, peut-être?

---

* Non, je ne veux pas entendre que les albums d'avant étaient meilleurs que le *Black Album*, j'm'en sacre, et on n'est plus en 1992.

ÇA CRAQUE DE TOUT PARTOUT

La dernière fois qu'on m'a brisé le cœur, ça s'est passé dans une voiture. Ça a commencé par un texto : «Je suis en bas, peux-tu descendre?» Mettons que ça m'a mis la puce à l'oreille ; les textos précédents commençaient toujours par des mots doux et finissaient par des pelletées de petits becs. Je suis donc descendue, et en deux minutes c'était réglé : «Écoute, j'ai réfléchi, ça ne fonctionne pas nous deux, je suis désolé, bla bla bla, v'la tes affaires, je suis désolé, bla bla bla, tu me rapporteras mes trucs, bla bla bla.» Suis sortie de la voiture, tenant mon petit sac d'une main et mon cœur sanguinolent de l'autre.

Passez-vous le mot : rompre dans une voiture, ça ne se fait pas ! Pas besoin d'être assise dans une auto stationnée pour que je comprenne que notre relation n'ira nulle part, j'aurais compris sans l'analogie de marde !! (Si vous n'avez pas de voiture, le métro, l'autobus, le taxi sont équivalents au niveau du malaise.)

Un autre original m'a dit ça dans son salon à sept heures le matin. Ça m'arrive de dire : «Va falloir que tu te lèves de bonne heure pour me faire brailler.» Eh bien lui, il m'a prise au mot, et victoire ! il a réussi. «Écoute, ça ne marchera pas. Je suis désolé, bla bla, j'ai mis tes affaires dans une boîte, bla bla bla, tu me rapporteras les miennes, bla bla bla.»

Vous remarquerez que les mots se ressemblent mais que le sac est ici remplacé par une boîte. Pourquoi? Ça faisait plus longtemps qu'on se fréquentait, j'avais eu le temps de laisser plus de choses chez lui. Je le remercie presque encore de ne pas avoir foutu tout ça dans des sacs à vidanges, épargnant ainsi les parcelles de dignité qui me restaient. Ma boîte et moi on est partis, et sur mon chemin j'ai laissé tomber des petites miettes de cœur par terre, telle une Gretel de l'amour.

Briser des cœurs, ça ne se fait JAMAIS avant le premier café, qu'on se le dise. Je comprends que ça pressait (apparemment!), mais à moins que la nouvelle blonde doive arriver à huit heures pour déjeuner, pouvons-nous au moins laisser le temps à la presque-ancienne de se décoller les yeux avant de lui *smasher* son cœur? Et la loi du «Il est cinq heures quelque part» ne s'applique pas dans les cas de rupture. Je suis un être humain, pas un gin tonic.

Il m'est arrivé d'être quittée dans le néant. Je fréquentais un gars qui a tout simplement arrêté de m'appeler. On devait se voir et il n'est pas venu, je l'appelais, ça ne répondait pas, j'ai finalement appelé après quelques jours en bloquant mon numéro, et je l'ai joint pour finalement me faire dire :

«Ouin... s'cuse... je savais pas trop comment te le dire... faque c'est ça... j'casse.» Bravo, champion. Toi. tu dois être le genre à laisser un chien sur le bord de la route quand tu ne veux plus t'en occuper, hein? *Come on*!!! On a partagé des fluides corporels, je vaux la peine d'être mise au courant quand je ne fais plus partie du couple, non?

Alors les gars, un conseil: quand vous voulez quitter une fille, mettez donc vos couilles dans vos pantalons et dites-le-lui à ELLE.

On m'a aussi, bien entendu, laissée:

— au téléphone;
— par courriel;
— au resto;
— dans un bar;
— au lit. Vous avez bien lu: au lit!!!

Et j'en passe, avant que vous ayez envie de dire: «Coudonc, elle en a eu, des chums!» Ben oui, mais c'est comme pour les objets. Quand on choisit de la mauvaise qualité, ça dure moins longtemps, donc on doit les remplacer souvent.

Il y a pas de bonnes circonstances pour se faire sacrer là, mais il y en a tout de même des plus traumatisantes que d'autres. Je me console en me disant qu'il y a pire que pire. Vous vous souvenez de la série télévisée *Les Invincibles*? De Line la pas fine qui se fait sacrer là devant l'autel le jour de son mariage? Si on se souvient du personnage, on sait cependant qu'elle l'avait un peu cherché. On l'appelait pas Line la pas fine pour rien.

bla bla bla bla
bla bla bla bla
bla bla bla bla
bla bla

QUE FAIRE AVEC UN CŒUR BRISÉ ?

La peine d'amour, c'est difficile pour la personne qui la vit, mais aussi pour son entourage. On en arrive parfois à un point où on ne sait juste plus quoi dire ni quoi faire. Voici donc quelques petits conseils pour en ressortir vivant.

SI VOUS ÊTES LA PERSONNE AU CŒUR BRISÉ

Étape 1

On n'appelle pas ça une peine d'amour pour rien. Charles Trenet chantait: «Y'a d'la joie.» Eh ben là, y'a d'la peine. Ben de la peine. Et cette peine finira par sortir de toute façon, alors aussi bien s'organiser; ça limitera les dégâts.

Pour ce faire, on se met de la musique triste, celle qui vient nous cher-cher (*voir Le jukebox de l'amour, page 143, pour des suggestions*), on s'arme de papiers-mouchoirs et d'une poubelle, on s'enveloppe dans une grosse doudou et on s'installe confortablement en petite boule, au lit ou sur le divan, par exemple. Chez vous, bien entendu, pas dans une salle de montre Ikéa. Quand on est prêt, que la musique joue et que les mouchoirs sont à portée de larmes, on y va et on pleure sa vie. Ça fait mal, c'est dou-loureux, mais il faut que ça sorte, et vaut mieux là que dans un autobus ou au souper dominical familial. N'ayons pas peur de faire des faces et des bruits pas l'fun: la vraie peine qui fait mal, elle fait dur. Il y a des moments pour pleurer *cute*, mais voyez cette peine comme le contraire d'un orgasme. Les cris et les faces qu'on fait sont catégorie hors-concours. Peu importe de quoi on a l'air, faut que ça sorte de partout.

L'intérêt de la musique, c'est aussi que vous pouvez la mettre juste assez fort pour que les voisins soient plus ennuyés par la basse et la batterie que par vos larmes et vos «Pourquoiiii???». Si les murs de votre appartement sont en carton, criez dans un coussin à la place. Ça vous fera du bien. Et je n'ai jamais entendu un de mes coussins se plaindre, mais mes voisins, ça, oui.

Ça se peut que plus d'un épisode de braillage intensif soit nécessaire pour vous remettre sur le piton de la vie, mais après chaque séance, vous vous sentirez un peu plus léger. Vos épisodes dureront de moins en moins longtemps et vous coûteront de moins en moins cher de Kleenex*.

ÉTAPE 2
Fini les larmes! C'est le temps de se refaire un système immunitaire amoureux et de remplir son cœur de ce qui nous fait du bien avec des activités. Par exemple:

✱ Voir des amis ou des membres de la famille qui ont le don d'être là pour nous, avec amour et sans jugement; on évite évidemment les gens qui ne font que nous parler de notre récent échec amoureux. On regarde en avant, pas en arrière!

✱ C'est le temps de se gâter soi-même. On s'achète des fleurs, on va voir des films (idéalement des comédies), des spectacles, on se concocte un bon petit souper, on fait en sorte de se rappeler qu'on peut prendre soin de nousmêmes. On n'a pas besoin de quelqu'un d'autre, on se *date* soi-même!

✱ On profite de ce temps en solo pour faire ce qu'on ose moins faire quand on est en couple. C'est le temps ou jamais de lire *Mange prie aime* en pyjama et en pantoufles ou de jouer à des jeux vidéo en pantalons de jogging.

✱ On va chercher des belles phrases et des citations inspirantes sur Internet, et on se tient loin de ce qui stimule la rage, le regret ou le désespoir, comme les articles du genre *Comment récupérer son ex*. La vie, c'est fait pour avancer. On regarde droit devant, la tête haute!

Oubliez aussi les ouvrages de développement personnel censés vous aider à reprendre du mieux. De toute façon ces livres-là, ça fonctionne pas. Oui, j'ai essayé. Et voilà! Je viens de vous faire épargner vingt dollars. De rien, ça me fait plaisir.

---

* Notez que cette méthode fonctionne autant quand on quitte quelqu'un que quand on se fait quitter. Une rupture, c'est comme un accident de la route, ça fait mal et ça cause un choc, peu importe qui le provoque.

Et surtout, on se dit tous les jours que ce n'est pas la fin du monde, mais la fin d'UN monde.

SI QUELQU'UN PRÈS DE VOUS A LE CŒUR BRISÉ

✳ Essayez d'être là pour cette personne, sans la juger. Parfois, juste dire: «N'oublie pas que je suis là pour toi» vaut toutes les cartes Hallmark du monde.

✳ Oubliez les phrases toutes faites comme «De toute façon, il n'était pas assez bon pour toi», «Ça ne me surprend pas!», «Un de perdu, dix de retrouvés», etc. C'est peut-être vrai, mais ça ne fait aucun bien. Si on n'a rien de plus pertinent à dire, vaut mieux se taire.

✳ Essayez de changer les idées de la personne au cœur brisé: emmenez-la au cinéma, faire une marche, prendre un verre, faites en sorte de lui rappeler qu'il y a encore plein de plaisir dans la vie, et qu'il y a vous!

✳ Pas besoin de parler de la rupture, elle l'a probablement à l'esprit tout le temps. Si elle veut en parler, elle le fera, elle finira probablement par trop en parler d'ailleurs, donc pas besoin de l'encourager.

✳ Ne lui proposez pas une *blind date*, ne lui suggérez pas de s'inscrire sur un site de rencontres. Laissez la peine faire son temps. Rien ne sert de se précipiter dans une nouvelle relation, chaque chose en son temps.

✳ Un vendredi ou samedi soir, débarquez chez elle avec une bonne comédie sur DVD et un sac de popcorn, un jeu de cartes, un coupon fait maison intitulé «On fait ce que TU veux pendant deux heures». Les soirs de week-end sont souvent les plus lourds pour les cœurs brisés, alors soyez présent si vous le pouvez.

Les mautadines de peines d'amour, on en vit tous un de ces jours, et oui, ça fait très mal. On passe carrément par toutes les étapes du deuil, ce n'est pas rien! Mais vous savez quel est le côté positif de tout ça? C'est que si vous vivez une peine d'amour, ça signifie que vous avez aimé et que vous avez été aimé(e). Non seulement c'est merveilleux, mais ce n'était sûrement pas la dernière fois que ça vous arrivera!

Profitez-en pour retomber amoureux... de vous-même!

CELUI DONT ON NE DOIT PAS PRONONCER LE NOM

Quand on parle de ses ex, on a tendance à prononcer leur nom, c'est normal. «Quand j'étais avec Untel», ou encore «Untel et moi, on...». Cependant, il y a un de mes ex-amoureux dont je ne peux même plus prononcer le nom. C'est un peu mon Voldemort, mon celui-dont-on-ne-doit-pas-prononcer-le-nom. Parce qu'il m'a trop fait mal, parce que j'essaie de l'oublier, parce que j'ai l'impression que c'est déjà lui donner trop d'importance que de le nommer. Alors, pour les fins de ce texte, on le rebaptisera Tata (Tu As Tué l'Amour).

Il est entré dans ma vie à un moment où mon p'tit cœur tenait déjà avec du *masking tape*.

C'était l'année après que j'ai rompu avec mon fiancé. J'avais laissé mon cœur se recoller et ma confiance en moi remonter un peu, puis j'avais finalement décidé de remettre ma petite face sur les sites de rencontre.

Je ne sors pas vraiment, je travaille de chez moi ou je suis en spectacle, pas évident pour moi de rencontrer des hommes. Comme je suis toujours devant mon ordi et que j'adore écrire et lire, c'est l'endroit de rencontre idéal pour moi. Enfin, j'aime à le croire.

Quelques mois plus tard, après quelques *dates* pas très concluantes, j'ai rencontré un homme qui me plaisait beaucoup. Vraiment beaucoup. On semblait avoir une tonne de points en commun, il avait des enfants à peu près du même âge que les miens, on aimait les mêmes activités, on aspirait aux mêmes choses. On a vite décidé de se rencontrer.

Tout de même encore amochée par mes fiançailles rompues et mes rêves brisés, j'étais aussi prudente qu'un survivant du naufrage du *Titanic* qui fait un tour de chaloupe. Je voulais bien me donner une chance, mais j'avais encore vraiment de la difficulté à avoir confiance. Je me méfiais de tout, surtout de moi-même.

Je me souviens très bien de ce tout premier rendez-vous. C'était au début de décembre. Une petite neige tombait tout doucement, une musique de Noël jouait sur la rue Fleury, toute décorée de sapins, de couronnes et de petites lumières. Ça avait un soupçon de magie indéniable. Une fille normale aurait vu ça comme un signe du destin, comme une belle mise en scène, se serait dit: «Oh! C'est *cuuuute*!!!!» Mais pas moi. J'ai regardé le ciel, et avec les flocons qui me tombaient sur le visage, j'ai dit: «Hey! Calme-toi sur la magie, univers, je ne suis pas dupe. La petite neige, la petite musique... Il va m'en falloir plus que ça.» Et je suis entrée dans le café-bar.

Le gars qui m'a accueillie était encore plus beau et charmant que sur ses photos. Toute la soirée il m'a fait rire, il m'a parlé, il m'a écoutée, il m'a divertie, le temps filait et en même temps j'en savourais chaque moment. J'avais beau essayer de résister, ce gars-là allumait tous mes sens.

Quand on s'est quittés à la fin de la soirée, il n'a pas essayé de m'embrasser, alors je me suis demandé si je n'étais pas encore tombée sur le genre de gars qui allait me dire: «Tu sais, Anne-Marie, tu es vraiment une fille extraordinaire, mais...»

Je lui ai écrit le lendemain pour lui dire que j'avais passé une très agréable soirée, et que je souhaitais le revoir si c'était réciproque. J'étais honnête et, oui, je tâtais le terrain. Oh! que je l'ai attendue avec impatience, la réponse à ce courriel-là!

Ma boîte de réception ne s'est pas métamorphosée en boîte de déception. Il m'a rapidement répondu que lui aussi avait passé une soirée merveilleuse et souhaitait me revoir le plus vite possible.

Quelques jours plus tard on se revoyait, et enfin on s'embrassait. Quand ses lèvres ont touché les miennes, j'ai senti un courant passer en moi. Tout comme dans le programme de quatrième secondaire: la chimie était au rendez-vous. Au fil du temps, notre relation s'est développée. Et tout était parfait. Il me faisait rire des dizaines de fois par jour, il me faisait l'amour comme on l'imagine et l'espère, mais comme ça n'arrive pas si souvent dans une vie. Il nous arrivait même de pleurer en pleine séance de corps à corps tant c'était fantastique. Je sais que ça sonne probablement très quétaine mais il faut le vivre pour le comprendre. L'amour, ça rend quétaine au cube. Mais quand on est amoureux, on s'en fout complètement.

Il me disait des choses dignes des plus grands films romantiques – ceux que les femmes regardent avec un pot de crème glacée et une boîte de Kleenex. «Je t'ai cherché toute ma vie, je t'ai enfin trouvée.» Et ça, il me le disait aussi souvent en pleurant. Tout comme «T'étais où tout ce temps-là, mon amour? Tu m'as tellement manqué. Heureusement que j'ai tout le reste de ma vie pour t'aimer.» Le genre d'affaires qui fait craquer une fille à coup sûr, ou presque.

Mais non seulement il savait dire les choses qu'une femme veut entendre, il n'était jamais à court de surprises non plus, oh que non.

Un matin où il était parti de chez moi pour aller travailler, il m'a appelée du boulot. J'étais sous la douche, alors j'ai raté son appel. Son message me disait: «Salut, mon amour. En partant j'ai remarqué quelque chose de bizarre sur ton pare-brise de voiture, tu iras voir.» Je me suis penchée vers la fenêtre en me disant: «Oh non, pas une contravention!» Non, pas une contravention. Plutôt un gros cœur avec un «Je t'aime» dedans, dessiné dans la neige de la vitre de mon auto. La neige ne fondait pas, mais moi oui. Littéralement.

Pour la Saint-Valentin, il m'a fait livrer une boîte remplie de toutes sortes de choses, plus *cutes* les unes que les autres, qu'il avait fabriquées lui-même, dont un livret de coupons. Un coupon pour chaque jour que nous passerions ensemble, et le calendrier avait été préparé en fonction de nos gardes d'enfants respectives. Coupon pour un massage relaxant, coupon pour une sérénade, pour un orgasme... Il avait inventé des lieux et des noms pas possibles pour chaque «soin» ou «produit», c'était absolument craquant. Inventif, original, drôle, tellement dans mes cordes. Il y avait entre autres un coupon pour un souper cinq services au restaurant «Toqué de toi», dont l'adresse était... chez lui.

J'ai réservé, comme me le spécifiait le coupon. Il m'a ouvert la porte habillé comme un serveur, serviette sur l'avant-bras. Avec un accent français, il a confirmé ma réservation dans un grand registre et m'a invitée à prendre place à une table. Il avait carrément déplacé sa table et ses chaises de la cuisine au salon, avait mis des bougies, de la musique... Il changeait même de voix en se déplaçant pour faire le service, pour faire semblant qu'il y a avait toute une agitation aux cuisines. J'étais aussi séduite que morte de rire. «Madame veut voir la carte des vins?» qu'il m'a demandé. Je me suis dit: «Ben voyons, il a pas acheté des tonnes de bouteilles de vin, quand même!» Sans poser de questions, j'ai accepté. Alors il m'a tendu «la carte des Vingt».

La carte intitulée *Les vingt raisons pour lesquelles je t'aime.* C'était beau, c'était doux, c'était personnalisé, rendue à la quinzième raison je pleurais les plus belles larmes qui soient: les larmes du bonheur.

Il m'a cuisiné un souper somptueux, digne des plus grands restaurants, puis on a passé une sublime soirée, conclue par une séance de sexe quasi tantrique, encore une fois arrosée de larmes de bonheur.

Des histoires comme ça, avec lui, j'en ai des dizaines.

Dans ma tête c'était de plus en plus clair. J'avais beau résister et vouloir me protéger à tout prix, ce gars-là était parfait pour moi. On riait à en pleurer ensemble, quand on faisait l'amour c'était toujours tout simplement extraordinaire, on aimait les mêmes trucs, on avait les mêmes rêves et aspirations, quand mes amies le rencontraient elles me disaient toutes: «Je ne t'ai jamais vue si heureuse ni aller si bien avec quelqu'un. Anne-Marie, je pense que t'as enfin trouvé le bon.» Tout le monde était heureux pour moi, moi la première. Et la deuxième, et la troisième...

En plus, comble de bonheur pour moi qui déteste les conflits et qui tremble presque dès qu'on hausse le ton, on ne se chicanait jamais. Ou presque.

Puis un matin, en voiture, on a eu une mésentente. Je ne la qualifierais même pas de dispute. C'était une discussion tellement anodine que je n'arrive même pas à m'en souvenir clairement. Mais il a soudainement pris un air très grave, a arrêté la voiture sur le bord de la route et m'a dit, *out of nowhere*: «Ça ne pourra pas marcher, Anne-Marie. C'est fini.» Mon cœur s'est arrêté d'un coup. J'ai pensé que c'était une blague, je ne comprenais rien, il m'aurait parlé dans une autre langue que ça aurait été pareil. Je l'ai regardé, complètement désemparée, et je lui ait dit: «Hein? Mais de quoi tu parles? Tu me niaises, là? Voyons! Je t'aime, tu m'aimes, on s'aime, on est parfaits l'un pour l'autre, on vit le genre d'histoire d'amour qui n'arrive pas tous les jours et tu le sais autant que moi!» Je me sentais comme dans un procès. J'étais une avocate qui se battait pour la vérité et la justice. Je plaidais ma cause.

Il a fait une drôle de face, il a semblé réfléchir un peu et m'a dit: «Excuse-moi... Ben non, je capote, c'est le stress, t'as raison.» Il m'a embrassée passionnément et on est repartis. On n'en a jamais vraiment reparlé. Je n'ai pas osé remettre le sujet sur la table! J'aurais peut-être dû...

Quelques semaines plus tard, on est allés passer le week-end dans un hôtel avec spa et massages, petit refuge parfait pour amoureux. On se faisait dorloter, on restait au lit de longues heures à s'aimer et à parler, à faire des projets, on s'aimait comme des fous. Puis on est revenus en ville. Je me souviens d'un moment très précis du trajet de retour: on est dans la voiture, mon homme conduit, il y a de la musique, la température est magnifique, on vient d'évoquer la possibilité de présenter nos enfants afin de passer une partie de notre été en tant que famille reconstituée. Et je me suit dit une chose que je me suis rarement dite dans ma vie: «Là, tout est parfait.» J'avais ce *feeling* que tout était correct, et que tout allait être correct. La vie, les enfants, la job, la famille, l'amour, j'éprouvais un sentiment de plénitude profonde. Comme une paix intérieure. Je me suis dit: «Coudonc, peut-être bien que je suis heureuse pour vrai? Peut-être que j'y ai droit moi aussi, après tout.» Un moment de bonheur parfait. Comme un massage de l'âme.

À cette époque, je préparais mon tout premier gros spectacle avec mon âme sœur, ma partenaire de scène, ma plus grande complice, Annie. C'était super important pour nous. Un douze sur une échelle de dix. Notre famille, nos amis et même quelques critiques y assisteraient, on allait enfin leur montrer le fruit de mois de travail. On étaient stressées, on sentait le swing, mais on se sentait prêtes.

Mon Tata a tout fait pour m'aider, m'encourager, me rassurer, il a, encore une fois, été parfait. Le soir de la première représentation, il m'a dit comme il était fier de moi. Il a salué tous mes amis en leur répétant à quel point il était amoureux de moi, comme il me trouvait fantastique, il est même allé se présenter à mon père en lui disant : «Votre fille est vraiment géniale.» Mon père, content d'enfin le rencontrer, lui a dit : «Il faudra que vous veniez souper bientôt tous les deux!» Mon homme a répondu : «Oui, avec plaisir.» L'avenir me semblait de plus en plus rose et j'aimais ça. Les moments de bonheur, c'est comme les frites, on en veut toujours plus.

On filait vraiment le parfait bonheur. À la fin de la soirée on est rentrés à la maison, encore dans l'euphorie du spectacle, on a fait l'amour en se disant qu'on s'aimait et en se le montrant encore plus, il m'a dit qu'il se sentait privilégié d'être mon amoureux. Je lui ai dit que j'étais la plus chanceuse des amoureuses de l'avoir dans ma vie, et on s'est endormis collés l'un contre l'autre.

Le lendemain matin, quatre jours exactement après mon moment de bonheur parfait sur l'autoroute 20, je me suis réveillée. Tout de suite j'ai pensé au spectacle de la veille. J'avais hâte d'aller lire les critiques et les commentaires! Je me suis retournée vers l'autre oreiller pour le dire à mon amour. Mais le lit était vide. Il n'était pas là...

Il s'est probablement levé pour nous faire un petit café et préparer le déjeuner, que je me dis, c'est tout à fait son genre. Je me lève, sourire aux lèvres, encore dans l'excitation post-spectacle, pour constater qu'il n'est pas à la cuisine. Ah ben!! Parti chercher des croissants, peut-être? Ça aussi, ça lui ressemblait. «Il est tellement trop parfait, ça ne se peut pas!» que je me dis.

Je ne croyais pas si bien me dire.

Je l'ai trouvé au salon. Ce que j'ai trouvé, en fait, c'est un gars assis qui se tenait la tête à deux mains.

Tout de suite, je me suis dit qu'il était arrivé quelque chose de terrible. Un de ses enfants, sa mère, le travail? J'ai imaginé un million de scénarios catastrophes. J'ai imaginé à peu près tout ce qui est possible et même ce qui ne l'est carrément pas, mais je n'ai pas prévu ce qui allait m'arriver.

Je lui demande ce qui se passe, il me regarde de ce regard dur et sombre que je n'ai vu qu'une seule fois mais dont je me souviens très bien, même si j'ai fait semblant de l'oublier. Et il me dit : «C'est fini, Anne-Marie. Ça ne marchera pas. Tes affaires sont là.» Et il me montre une boîte avec mes choses dedans.

Honnêtement, à ce moment-là, j'ai pensé : «Ok. Je rêve, je vais aller me recoucher et me relever pour retrouver mon amoureux extraordinaire.» Mais je ne bougeais pas parce que j'étais figée là. Quand le sol se dérobe sous nos pieds, on ne peut pas aller bien loin.

Il ne me regardait même plus, il fixait le sol ou ses mains et m'a répété: «C'est fini, Anne-Marie. Je sais pas quoi te dire, c'est fini. Prends tes choses et va-t'en s'il te plaît.»

Il faut se lever de bonne heure pour arriver à me faire pleurer, que je disais? Eh bien, à sept heures du matin, me montrer une petite boîte dont dépassent entre autres une brosse à dents, un DVD et un t-shirt, on dirait bien que ça fonctionne.

J'ai
tellement
pleuré.

Je n'arrive même pas à expliquer comment je me suis sentie à ce moment-là. Je pense sincèrement qu'il y a quelque chose qui est mort en moi. Comme si on m'avait assassiné l'amour, mais par en dedans. Un peu comme quelqu'un qui se noie, je me suis mise à paniquer, j'ai dit: «Ben non voyons, tu ne peux pas être sérieux! Arrête! Tu me niaises pis c'est pas drôle!» Tout ça articulé de peine et de misère à travers une inondation de larmes.

Il fixait droit devant lui et disait juste: «Non Anne-Marie, je suis très sérieux. Prends tes choses et va-t'en s'il te plaît.». Il était tellement sombre, je ne le reconnaissais pas. Je me suis presque mise à hurler. «Mais non voyons! Ça se peut pas! Tu m'aimes, je t'aime, on est bien, tu ne peux pas faire ça! Voyons donc, ça se peut pas.»

Je regardais autour de moi, complètement perdue. Comme si j'attendais que Marcel Béliveau sorte d'un garde-robe et me dise! «Ha! ha! ha! On t'a bien eue, Anne-Marie! Il y a une caméra là, y en a une autre là…» Je cherchais quelque chose qui m'indiquerait que tout ça n'était PAS en train de m'arriver. Mais ostie que ça m'arrivait quand même.

Il m'a encore dit qu'il était désolé, a quitté la pièce et m'a laissée là avec ma boîte, mes larmes et mon cœur tout éparpillé sur le plancher de son salon.

J'ai pleuré tout le long du chemin jusque chez moi. Les quinze minutes les plus longues de ma vie. Il faisait beau ce matin-là, mais j'ai actionné les essuie-glace par réflexe, comme si je ne réalisais pas que ce qui m'obstruait la vue, c'était la pluie de mes larmes. Un déluge de peine dans ma face.

Je suis arrivée chez moi, j'ai lancé la boîte et je me suis écroulée dans mon lit. Je ne sais pas combien de temps je suis restée là, en petite boule à pleurer, parce que le temps s'est arrêté en même temps que mon cœur. Alors que j'aurais dû être en train de gérer mon après-spectacle, les critiques, les bons mots, les commentaires, publier des photos sur les réseaux sociaux, remercier les spectateurs, j'étais tombée dans un coma émotionnel.

Après un temps, je me suis levée pour lui écrire quelque chose qui ressemblait à: «Je t'aime. Ne fais pas ça. Je pleure, je ne comprends rien, je t'aime encore et je sais que toi aussi tu m'aimes. Ne fais pas ça.»

Quand j'y repense, je me trouve misérable, mais j'essaie quand même de ne pas trop me taper sur la tête. Y en a d'autres pour s'en charger, on dirait bien.

Au bout de je ne sais trop combien de gallons de larmes, j'ai finalement appelé Annie. Je pleurais tellement qu'il m'a fallu cinq minutes pour prononcer une phrase compréhensible. Elle était désemparée. Elle ne savait pas quoi me dire. Je lui ai murmuré: «C'est pas grave. Dis rien, y a rien à dire. Mais reste là s'il te plaît. Pour que je ne pleure pas dans le vide.» Et on est restées comme ça au téléphone, moi à pleurer, elle à écouter mes larmes tomber de son iPhone.

Tout ce à quoi j'ai eu droit de la part de Tata, c'est un courriel vague, avec toujours aussi peu d'explications, et une deuxième boîte avec le reste de mes choses, laissée devant ma porte, cavalièrement.

Il m'a fait l'aimer, il m'a quittée, et il a disparu.

J'ai mis des semaines à m'en remettre. En plus, ô joie, je devais expliquer mon soudain célibat à mon entourage. Le gars parfait avec qui je filais le parfait bonheur et avec qui tout le monde trouvait que j'allais parfaitement (pardon pour l'abus du mot parfait, mais c'est lui qui a abusé de la perfection, pas moi!) m'avait sacrée là au petit matin sans explication. Essayez d'expliquer ça sans brailler, pour voir. Parce qu'en plus, chaque fois que je le revivais, chaque fois que je commençais à raconter ma rupture, c'est comme si je faisais du bungee pour atterrir dans un lac de peine. Et après chaque récapitulation des faits incroyables, tout ce que j'avais comme satisfaction, c'était la stupéfaction des gens. Au moins, j'étais pas la seule à *FUCKING* rien comprendre.

Puis, avec le temps et en y repensant, j'ai constaté finalement que j'avais trouvé étranges certaines petites choses qu'il avait dites et faites. Mais je n'y avais pas prêté attention. Puis le mystère a commencé à plus ou moins se résoudre. Un jour, Annie m'a envoyé un texte qu'elle avait trouvé sur Internet en me disant : «Il faut absolument que tu lises ça, c'est un texte sur les psychopathes. C'est lui!!!»

Je me suis dit que l'hypothèse était un peu exagérée, tout de même. Quand on pense psychopathe, on imagine surtout un gars qui nous invite à souper puis qui nous découpe en petits morceaux et nous fait sauter dans la poêle avec des oignons pour nous manger, ou encore un gars qui nous étrangle et nous enterre dans sa cour, entre sa belle-mère et le facteur qu'il ne piffait pas. Pas à un gars qui assassine l'amour.

J'ai repoussé le texte dans le fond de mon esprit. Après quelques jours, je me suis dit que ça vaudrait peut-être la peine après tout que j'aille y jeter un œil.

Je suis tombée en bas de ma chaise. J'ai tout compris. J'ai reconnu les comportements anodins, mais tout de même étranges, les petits détails, les petites phrases, les remarques presque murmurées, je l'ai reconnu, lui. Et j'ai compris que tout ça avait été un jeu, que j'avais été un personnage dans une mise en scène qu'il avait fabriquée de toutes pièces. Je n'étais rien pour lui, il m'avait probablement déjà oubliée et était en train d'en séduire une autre. Il ne m'avait pas aimée, tout était faux, je venais de vivre trois mois de supercherie. Moi qui craignais les relations amoureuses comme la grippe H1N1 et qui pensais avoir eu tous les vaccins, j'étais tombée dans un des pires pièges de l'amour.

J'ai essayé de me consoler. Oui, me disais-je, je suis triste à mourir, mais au moins je n'ai rien à me reprocher. Parce qu'il y a ça aussi : à collectionner les échecs amoureux, on n'a pas trop le choix de se regarder dans le miroir et de se demander si ce n'est pas de notre faute si ça ne fonctionne jamais. Je n'ai pas été parfaite, mais j'ai bel et bien été une super amoureuse. Non, cette rupture n'avait rien à voir avec moi. Ça a mis un baume sur ma culpabilité pour un temps. J'ai appris à me dire : «Oui, il m'a laissée, mais dans le fond, tant mieux! Il ne va pas bien, il est fou ou pas loin en tout cas!»

Puis j'ai réalisé quelque chose et ça m'a assommée à nouveau. Je me suis dit : «Donc, pour tomber fou amoureux de moi, est-ce qu'il faut justement être ça? Être fou?»

Je sais bien que non, mais ça aussi il m'a fallu du temps pour le comprendre. Ce gars-là n'a été dans ma vie que trois mois, mais le tort qu'il m'a fait est incalculable. À cause de lui, je me dis qu'il faudra toujours me méfier si un gars me dit qu'il m'aime, s'il est trop gentil ou trop attentif. Je vois maintenant un gars attentionné comme un signal d'alarme. J'ai fini par associer «être amoureux» avec «se faire poignarder en plein cœur».

Pis on prend le couteau, pis on tourne, pis on tourne...

Malgré toute la peine et la déception du monde, j'ai dû me retrousser les manches. J'ai deux enfants, j'ai une vie à vivre, mon but dans la vie ce n'est pas d'être misérable et je suis une éternelle amoureuse. Alors j'ai lu tout ce que j'ai trouvé sur l'amour et les relations, j'ai réfléchi, j'ai consulté, j'ai discuté, puis j'ai fait un choix.

J'ai consciemment décidé de ne pas laisser cet homme gâcher le reste de ma vie amoureuse. Il y a des jours où je me dis que je peux être aussi positive que possible, c'est mon karma et c'est comme ça. Mais après, je me rappelle que j'ai décidé de refuser de le laisser avoir autant de pouvoir sur ma vie. C'est MA vie. Il pouvait la ruiner pour quelques jours, quelques mois même, et ça il l'a prouvé, mais je ne laisserai rien ni personne me ruiner l'amour pour toujours.

Même si tout était faux avec lui, je crois, non, je sais que je peux avoir une relation vraie avec quelqu'un. Je ne sais pas qui, je ne sais pas quand ni comment, mais je veux être présente quand ça va arriver. Pour être là, il faut choisir d'être ouvert au bonheur et choisir de vivre et non de juste survivre. Je sais que c'est plus facile à dire qu'à faire, mais oui, l'amour existe, et ça aussi je le sais.

Ce qui est encore plus certain, c'est que l'expression «amoureux fou» n'aura plus jamais la même signification pour moi...

LE TATA

Des fois, avoir une vie amoureuse de marde, c'est drôle. Des fois, ben, c'est de la marde, et des fois c'est pire que ça.

Lorsque Anne-Marie a rencontré le Tata, comme toute bonne amie, j'étais contente pour elle. Mais comme toute femme mariée depuis un peu trop longtemps (et donc peut-être un peu blasée), je me suis dit : on verra.

C'était quand même le fun de savoir qu'une nouvelle relation pouvait aller si bien dès le tout début. Je me disais : c'est sûr que ça a l'air plus intense que mon mariage, mais Anne-Marie mérite d'être heureuse après tout ce qu'elle a vécu, que ça dure ou non.

J'entendais Anne-Marie me raconter les trucs qu'il faisait. «Voyons, il se croit dans un film?» que je pensais, un peu irritée. Faut aussi dire que moi, je serais heureuse si mon mari volait une fleur chez un voisin et me la tendait pour que je la mette dans un verre d'eau.

Mais encore là, j'étais contente pour Anne-Marie parce que HELLO? C'est mon AMIE! Mais mon Dieu que ma relation avait l'air encore plus *loser* chaque fois que j'entendais parler de la leur... On a beau se dire : «Ils sont au début. Toi, t'es mariée depuis quatorze ans!», on ressent quand même toujours un petit pincement quand on entend parler de ce qui a l'air d'être l'amour avec un grand A, quand on a le mariage... avec un M moyen.

J'ai vécu la relation à travers Anne-Marie. J'en revenais pas! Je n'ai pas été jusqu'à dire à mon mari : «Tu sais, Tata et Anne-Marie sont de même, pourquoi tu peux pas être plus comme Tata?» Ce n'est vraiment pas mon genre. Mais je vous avoue que j'y ai pensé une couple de fois! Des fois je me disais même : «C't'un malade! Pourquoi il fait ça?! Comment il va faire pour *topper* ça après? Non, mais QUI est de même?!» Et les réponses me venaient : «Ben non, c'est parce qu'Anne-Marie est merveilleuse, il trouvera une façon, il doit avoir d'autres idées.» Et il en avait toujours.

Vers la fin de leur relation, on travaillait sur notre spectacle tous les jours. Un gros spectacle, une vraie première, avec des numéros jamais rodés devant public. C'est pas comme ça qu'on procède en humour d'habitude, on fait vraiment beaucoup de rodage avant. Ce que nous avions planifié de faire, c'était l'équivalent de se lancer en bas d'un building et de se croiser les doigts pour apprendre à voler à la dernière seconde, comme Dumbo l'éléphant.

Pas que je nous compare à un éléphant, mais la pression sur le dos pesait une tonne!

Et le Tata était là. Il souriait. Il riait. Après la tournée d'au revoir d'Anne-Marie, il me l'a enlevée, les yeux étincelants, pour l'emmener chez lui pour la nuit. Moi aussi, je suis rentrée. Et c'est la dernière fois que j'ai vu mon amie comme avant.

Évidemment, Anne-Marie est restée la même fille. Mais Tata l'a brisée juste un peu plus. Il m'a brisée aussi, même. Vous savez, on ne veut pas qu'elle ait raison, la petite voix à l'intérieur de nous! On veut que ça existe, des bonnes personnes aussi attentionnées que lui. On veut croire en l'amour de films et de contes de fées. On ne veut pas se défaire au bout du fil en entendant notre amie hystérique, sous le choc total. On ne veut pas être la fille qui n'a rien vu venir non plus, qui a mal protégé son amie. On ne veut pas être la fille qui reste pendue au combiné du téléphone et qui sent les dernières illusions de sa *best* éclater en mille morceaux. On ne veut pas être la fille qui dit rien même s'il n'y a rien à dire. Parce que c'est comme ça: il n'y a rien à dire.

Maudit Tata. Tu nous as bien eues...

SORTEZ-VOUS AVEC UN* PSYCHOPATHE ?

L'affaire avec les gens «pas bons pour nous», ceux qui nous font de très mauvais partenaires amoureux, c'est qu'on ne peut pas tout le temps les repérer au premier rendez-vous, ni au huitième d'ailleurs. Ça peut prendre un bout avant que ça se révèle, et ça se peut aussi que ça se fasse par bribes. Comme dans le jeu de la photo floue où on ne distingue pas l'image au début. Un moment donné on pense que c'est une fleur, et finalement… ah tiens, non! Le rouge, c'est la flamme d'un pic en enfer. Ou quelque chose du genre…

C'est peut-être difficile à imaginer, mais le psychopathe n'a aucune compassion et ne peut pas ressentir de culpabilité. Pour le bénéfice de toutes les filles, voici donc quelques signes avant-coureurs vous indiquant qu'il est temps de prendre vos affaires et votre cœur et de vous éloigner le plus possible, à la course, de votre prétendant.

LES CARACTÉRISTIQUES DU PSYCHOPATHE CHARMANT (PARCE QU'ILS PEUVENT L'ÊTRE)

Vous êtes comblée

Vous n'avez jamais reçu autant d'amour! TOUT sera mieux qu'avant, ou presque. Vous en avez presque oublié vos relations précédentes parce que wow, là, il se passe quelque chose et c'est intense. Les psychopathes lancent souvent la séduction dans un moment où vous manquez de confiance en vous. Ainsi, la différence entre la vie avant lui et la vie après lui vous apparaîtra comme un gouffre.

Enfin, la personne juste parfaite pour vous! Tout ce que vous dites ou faites est mieux reçu que jamais. Et quand l'autre sent votre manque de confiance dans certaines «régions» plus sensibles, il aime ces défauts spécifiquement. Il vous bombarde d'amour, il vous idéalise. Vos petits défauts, ces aspects de vous-même qui vous gênent, le rendent gaga! Une cicatrice fait votre charme, vous rend unique et spéciale. Non seulement il ne les trouve pas laides, vos vergetures, mais il les compare à des œuvres d'art!

---

* Vous pouvez bien entendu mettre tout le texte au masculin pour obtenir la version «Sortez-vous avec une psychopathe?». De ce que j'en sais, ce sont généralement les gars qui risquent de se comporter de la sorte, alors j'ai décidé que cette fois-ci, le féminin l'emportait.

«Ben non, t'es pas grosse, t'es généreuse! Tes dents ont du caractère! Tu ronfles même pas, tu respires fort!»

Miroir, miroir...

Il vous semble être pareil à vous: à l'entendre, c'est fou, ça n'a juste pas de sens. Vous avez vécu les mêmes choses! Vous vous comprenez mieux que tout le monde! Vous avez les mêmes intérêts, vous êtes tellement p.a.r.e.i.l.s.! «Tu me niaises? C'est MON livre/film/groupe préféré moi aussi!» Votre âme sœur vous reflète simplement votre identité. Et oui, ça marche... Vous n'en revenez pas. Vous vous dites que c'est un signe.

Oui. C'est signe que vous êtes devant un pro.

Tout le monde l'aime

En le rencontrant, pratiquement tout le monde, dans votre entourage, l'adopte instantanément. Mon doux qu'il est charmant!!! C'est un peu le mot clé pour repérer un psychopathe: il peut être TROP charmant. C'est un beau parleur qui sait feindre l'empathie pour avoir ce qu'il veut.

Trop vite, trop tôt

Vous êtes amoureuse, ça oui, complètement! Mais... wo les moteurs. L'autre veut vraiment aller vite pour concrétiser tout ça. Il y a comme un sentiment d'urgence. Votre inconscient dit: «Non!» Votre cœur fait: «Chuuuut!»

Le paradis entre les draps

Si vous aviez à faire un palmarès de vos aventures sexuelles, celles que vous vivez avec votre psychopathe se situent parmi les meilleures, c'est clair. Non seulement il sait quoi faire au lit, mais il y a tellement d'émotion là-dedans! C'est une de ses façons de vous «avoir», dans tous les sens du terme. Et puis, une fois que vous êtes devenue accro, il veut soudainement beaucoup moins de sexe. Hum...

Son ex/mère/collègue a l'air d'être tout un numéro...

Aux premiers rendez-vous, elles ressemblent à quoi, les histoires de famille ou d'ex qu'il vous raconte? Est-ce que son ex est une folle qui le suit partout? Sa mère ou son père sont des gens avec qui ses relations ne sont souvent pas loin de la tragédie grecque? Les gens l'utilisent et l'abandonnent constamment selon ses dires? Les psychopathes adorent que l'on éprouve de la pitié pour eux.

Ce qui nous amène à un argument connexe: certains psychopathes utilisent des maladies, des blessures ou s'inventent des histoires tragiques grandioses ou miraculeuses pour avoir de l'attention. Mais si vous grattez un peu, vous n'en trouverez probablement jamais la moindre preuve. Non, il n'a pas eu un accident de *snowboard* épique en essayant de sauver un enfant, à la suite duquel il a passé six mois à l'hôpital, où on a détecté la présence d'une tumeur sur sa colonne vertébrale avant de le sauver in extremis. Et non, sa femme n'est probablement pas morte pendant leur lune de miel (et si oui, me semble que je vérifierais s'il y a des circonstances louches)...

Il croit que les règles ne s'appliquent pas à lui

Un psychopathe ferait n'importe quoi qui peut lui apporter du plaisir, et il le fera s'il pense qu'il ne se fera pas prendre. Il croit en la loi du plus fort. Prends ce que tu peux sinon quelqu'un d'autre va le faire.

Il s'échappe

Et là, on ne parle pas de gaz, on parle de petites choses qu'il peut dire à des moments aléatoires. «Je te trompe.» «Je suis fou.» «J'aime pas mes enfants.» QUOI?? «Rien. J'ai rien dit.»

C'est difficile de savoir si c'est conscient (il aime vous déstabiliser) ou inconscient (il oublie pour un moment de maintenir une façade acceptable) mais peu importe, prenez la porte (et si elle est pas trop lourde, partez à courir avec jusque chez vous).

Freak show!

Il y a de ces petits comportements qui, une fois additionnés et analysés, donnent froid dans le dos: un manque d'empathie; un humour sombre; une absence de culpabilité même quand il devrait y en avoir; des mensonges qui deviennent de plus en plus gros et fréquents...

Il n'a jamais tort

Ok, moi non plus, mais lui n'a jamais, jamais, jamais tort. JAMAIS. Si vous avez un doute sur le degré de psychopatité (mot inventé) de votre nouvel ami, voyez comment il réagit quand vous insinuez qu'il a tort sur un point. Aussi, tendez l'oreille quand il vous offre des excuses bidon pour ses retards, des explications nébuleuses au sujet de la marque de rouge à lèvres sur le col de son chandail.

Il disparaît
Un psychopathe engagé dans une relation depuis un petit bout va probablement finir par vous ignorer pendant quelques jours, ou simplement par disparaître. Est-ce qu'il est en train de traquer sa prochaine conquête? Peut-être, mais soyez sûr que sa disparition, si vous le confrontez, sera de votre faute, même si vous n'avez rien fait.

Il est une obsession
Une fois que vous êtes bien obsédée (il vous a donné tant d'amour, d'attention et de bon sexe que vous n'en pouvez plus), il vous rappelle, subtilement ou non, que tout le monde l'aime. Il y a une ex dans les parages, une amie, quelqu'un qui rôde. En tout cas, il y a de ses fans autour et elles sont supposément prêtes à prendre votre place si vous êtes trop «difficile».

On se connaît?
Quand le psychopathe dispose de vous, il vous abandonne comme si vous n'aviez jamais eu de relation. C'est comme si son amour était de l'eau qui coule du robinet. Le robinet se ferme soudain et vous restez là, à vous demander pourquoi votre main est mouillée alors que lui vous répète qu'il n'y a jamais eu d'eau...

La roue qui tourne
Il vous a sacrée là (si vous êtes chanceuse), mais il ne veut pas exactement que vous vous en remettiez. Et si vous avez l'air de trop bien guérir, il risque de recommencer le cycle à zéro, d'essayer de vous récupérer avec des déclarations dignes d'un film.

And here we go again...
Oui, il y a des hommes assez immatures pour vous ignorer, il y en a qui embellissent leurs histoires, et ce ne sont pas tous des psychopathes. Mais après avoir lu tout ça, si vous retrouvez chez votre nouvel «ami» plusieurs de ces caractéristiques... Bien... Vous savez quoi faire. *Flushez*, et *flushez* vite.

TOUJOURS VIVANTE/ *I WILL SURVIVE*

Quand mon cœur a eu son congé des soins intensifs, j'ai laissé passer du temps. Par une petite brèche est entré ce qu'on peut appeler soit de l'espoir, pour être positif, soit de la naïveté, pour être réaliste. J'avais besoin de vivre autre chose, ou juste de croire que je le pourrais un jour. Alors je me suis remise à magasiner de l'homme au seul endroit que je connaisse et maîtrise (presque) : les sites de rencontre. Juste pour regarder, comme on dit. Après quelques mois, j'ai commencé à correspondre avec quelqu'un qui me plaisait beaucoup. Sur mes gardes multipliées par un million, mais tout de même. Nos courriels sont vite devenus intenses et notre rencontre ne le fut pas moins. S'ensuivit un mois doux comme du miel et sucré comme un *cupcake*.

On dit souvent que le quotient intellectuel des individus baisse quand ils se retrouvent en groupe. Plus le groupe est nombreux, plus ça baisse. Un genre de formule spéciale similaire s'applique quand on est deux et amoureux, je pense bien. Non seulement on devient un peu beaucoup niaiseux, mais en plus, on arrive à perdre la mémoire! Ou peut-être qu'on a un si grand besoin d'oublier que notre cerveau joue à la cachette avec notre jugement pour se divertir?

J'avais beau être pleine de frissons, je ne me donnais pas tout entière et je n'osais prononcer aucun mot qui ressemblait à (ou rimait avec) amour. Je ne faisais pas de plans à long terme, presque personne autour de moi n'était au courant de cette relation, je me protégeais le plus possible. Mais la présence de cet homme me rendait heureuse, nos moments étaient doux et simples. C'était exactement ce dont j'avais besoin pour que mon cœur et mon âme se remettent à oser espérer croire que peut-être ça se pouvait.

Tsé, avoir le goût et la chienne en même temps.

Je ne me suis tout de même pas embarquée trop vite. Chat échaudé craint l'eau froide. Mais l'amour a la mémoire courte, et on replonge vite l'orteil dans la piscine, puis la jambe, puis la cuisse...

Après quelques semaines à me remettre dans le bain de l'amour, un matin (moi, le matin, j'ai une face à me faire sacrer là, faut croire!), je me suis fait dire, sans aucune espèce d'indice ni d'avertissement : «Écoute Anne-Marie, ça marche pas... Je m'excuse, je ne me comprends plus... T'es une super bonne personne.... c'est pas toi, mais c'est fini.»

J'ai eu droit à mon petit sac avec mes choses, à un beau petit «Prends soin de toi!», et je me suis rendue chez moi, bredouille et en larmes. Encore. Comme un sentiment de déjà-vu, de déjà-vécu et de déjà-pleuré.

Cette fois-là encore, pas de réelles explications. Et là, si je peux donner un conseil aux gens qui brisent des cœurs : pouvez-vous prendre au moins la peine d'expliquer ce qui se passe dans nos deux vies?

Je ne parle pas de tourner le fer dans la plaie ni de fournir une liste d'accusations, mais bordel! On vient de perdre l'amour qu'on croyait vivre. Me semble que ça serait sympathique de pouvoir comprendre au moins pourquoi on se le fait enlever? D'avoir un genre de petit bilan, des détails, des explications, de la matière à réfléchir qui pourrait, qui sait, nous aider à apporter des changements, à avancer?

Une rupture sans explication, c'est comme du vandalisme d'amour. On entre dans le cœur, on s'y installe, bien à l'aise, on fait attention, on en prend soin, puis, du jour au lendemain, on brise tout et on se sauve en laissant la porte ouverte. L'autre peut ben écrire «Je suis désolé» en graffiti tant qu'il voudra sur la porte, il vient de tout foutre en l'air pareil, et les dommages sont considérables. C'est comme un *hit and run* de l'amour.

Avec mon petit sac d'affaires et ma peine sous le bras, j'ai acheté deux paquets de Crazy Glue à cœur, parce qu'un moment donné ça commence à ben faire, puis je me suis dit que c'était assez. Fini l'amour. C'est comme le bungee, ce n'est pas pour moi.

Ben j'ai peine à le croire moi-même, mais je vous le donne en mille : après quelques mois, où est-ce que je suis allée me reconnecter? Ben oui : sur un site de rencontres. Tsé, quand tu dis amoureuse de l'amour...

Après une flopée de gars qui ne m'intéressaient pas ou que je n'intéressais pas plus, y'en a un qui m'est tombé dans l'œil. Encore mon combo gagnant du gars à la fois de mon goût et super drôle. Je suis très faible devant ça, le clown *cute*, le sexy boute-en-train.

Bref, après une dizaine de jours d'échanges écrits, on s'est finalement rencontrés. On a passé un après-midi auquel je donnerais la note de 9 sur 10 au test de «Oui je te veux». On s'est quittés en s'embrassant comme des adolescents et en se promettant de se revoir très très bientôt. Nos phéromones avaient connecté, et elles avaient hâte de se revoir autant que nous. Ce soir-là, je me suis endormie avec un gros sourire dans la face et j'ai fait des rêves *hot hot hot*.

Le lendemain matin, je me suis réveillée avec un mauvais pressentiment. Un genre de nœud dans le ventre, comme une sensation que quelque chose de vraiment plate allait m'arriver, mais sans idée précise de ce que c'était. Deux heures plus tard, j'ouvrais un courriel du mec en question: «Écoute... ce n'est pas toi, mais j'ai pensé à ça... je préfère ne pas poursuivre, bla bla bla... bonne chance... bla bla bla.»

Vraiment.

Selon mes calculs, si la tendance se maintient, à mon prochain rendez-vous, le gars devrait aller aux toilettes et, dix minutes plus tard, me texter pour me dire qu'il s'est sauvé par la fenêtre et qu'il est en route vers chez lui, mais qu'il tient à ce que je sache que ce n'est pas moi, qu'il est mêlé, et bla bla bli, et bla bla blu.

Dans ce temps-là, la posologie, c'est: «T'es belle, t'es fine, t'es capable.» Vingt fois par jour. Répéter au besoin.

LE JUKE-BOX DE L'AMOUR

« La musique est la langue des émotions. »
Emmanuel Kant

Je suis une amoureuse... de la musique! J'en joue et, surtout, j'en écoute constamment. La musique que l'on choisit d'écouter, c'est en quelque sorte la trame sonore de notre vie, rien de moins, et les meilleures chansons sont un ingrédient très important des meilleurs films. En plus, la musique a ce pouvoir fantastique de nous faire vivre des émotions, soit en les faisant apparaître, soit en les amplifiant. La musique, ce n'est rien de moins que des émotions plein les oreilles.

Un des réflexes assez typiques de la peine d'amour, à part manger et damner l'ex, c'est écouter de la musique qui va avec notre état d'esprit : de la musique pour brailler sa vie. On ne sait pas trop pourquoi, mais il y a de ces moments où on a besoin de se sortir le motton, de pleurer, et certaines chansons se prêtent très bien à cela. Ce n'est pas un hasard s'il y a autant de grands succès qui parlent d'amour et de cœurs brisés. La peine d'amour se chante bien et s'écoute encore mieux.

Voici donc une liste de pièces à écouter quand vous aurez besoin d'être en tête à tête avec une boîte de Kleenex. Tant qu'à pleurer, aussi bien mettre de la musique forte, vos sanglots résonneront moins et vous vous sentirez moins seul(e).

Maestro!

POUR LES CŒURS BRISÉS

Can't Stand Losing You - The Police
Nothing Compares to You - Sinéad O'Connor
Somebody That I Used to Know - Gotye
Je l'aime à mourir – Francis Cabrel
Ne me quitte pas – Jacques Brel
Tu me tueras – Dan Bigras
Hold On – Sarah McLachlan
Hallelujah – Leonard Cohen
Everybody Hurts – R.E.M.
Love Hurts - Nazareth
Don't Speak - No doubt
Still Loving You – Scorpions

Who Knew – Pink
I Will Always Love You – Whitney Houston
Hélène – Roch Voisine
With or Without You - U2
Unbreak My Heart - Toni Braxton
Someone Like You - Adele

ET POUR LES CŒURS EN TABARN*CK

Câlisse-moi là – Lisa LeBlanc
You Oughta Know – Alanis Morissette
Shut Up – Black Eyed Peas
You Give Love A Bad Name – Bon Jovi
*F*ck You* - Lily Allen
Des shooters de fort sur ton bras – Les Sœurs Boulay

UN TRUC POUR NE PLUS S'EMBARQUER DANS UNE AVENTURE AMOUREUSE QUI N'EST PAS FAITE POUR NOUS

Écrivez 10 qualités que vous recherchez chez un partenaire amoureux.

1. _____   6. _____
2. _____   7. _____
3. _____   8. _____
4. _____   9. _____
5. _____   10. _____

Écrivez 10 de vos propres qualités.

1. _____   6. _____
2. _____   7. _____
3. _____   8. _____
4. _____   9. _____
5. _____   10. _____

Retournez à votre liste des qualités que vous recherchez chez l'autre, et n'en conservez que trois.

C'est difficile, mais ça vaut la peine parce que dans le fond, ces trois qualités sont les plus importantes pour vous. Tentez de ne pas l'oublier quand l'amour essayera de vous aveugler. Écrivez ça sur une feuille et gardez-la à portée de main!

Vous avez probablement eu du mal à écrire vos dix qualités, à moins d'être narcissique, mais cet exercice vous permettra de prendre conscience de ce que aimez chez vous... et de ce que vous avez à offrir! Vous n'aimez pas ce qui ressort de cet exercice? Ben là! Allez, au travail!

ASSEZ PLEURÉ, DANSEZ MAINTENANT !

Avoir le cœur au fond du puits, c'est comme avoir l'estomac dans les talons : il faut y remédier. Personnellement, la musique me fait beaucoup de bien. Il y a les tounes pour brailler, puis les tounes pour se requinquer un peu. Celles qui font presque immanquablement taper du pied, siffloter, chantonner, claquer des doigts...

LES FEEL GOOD SONGS

En voici quelques suggestions, testées et approuvées. Les pièces que vous ne connaissez pas, allez donc les chercher sur Internet, tout à coup elles vous feraient du bien, à vous aussi ?

Pour un effet maximum, écoutez-les fort. Utilisez des écouteurs s'il le faut, mais ces chansons doivent remplir vos oreilles.

Hakuna Matata – The Lion King
Ça fait rire les oiseaux – La Compagnie créole
Footloose - Kenny Loggins
U Can't Touch This – MC Hammer
Waka Waka - Shakira
Take On Me – A-ha
Mr Trololo – Eduard Khil
Happy - Pharrell Williams
Copacabana - Barry Manilow
Don't Worry, Be Happy - Bobby McFerrin
Conga – Gloria Estefan
Dont Stop 'Til You Get Enough – Michael Jackson
Hey Ya! – OutKast
Call Me Maybe – Carly Rae Jepsen
Get Lucky - Daft Punk

LES PRÉFÉRÉES DES FILLES

I Will Survive – Gloria Gaynor/Cake
(I've Had) The Time of My Life – Bill Medley & Jennifer Warnes (*Dirty Dancing*)
Smile - Lily Allen
Survivor – Destiny's Child

EN PEINE DE RECETTES

À défaut de vous donner la recette du bonheur, v'là des recettes pour atténuer le malheur! Je sais que c'est plus motivant de préparer de la bouffe pour deux (ou pour quatre, ou pour un ado), mais il faut bien manger, même quand on est seul. Je l'avoue, j'ai toujours rêvé de publier un livre de recettes rigolo, alors voici celles qui me semblent les plus à propos.

Avertissement: ne pas faire toutes ces recettes le même soir, parce que vous risqueriez:

- de devenir obèse;
- de vomir votre vie;
- de tomber dans un coma éthylique.

Surtout, je ne suis pas représentée par un avocat. Merci.

MA BANANE, 'A SPLIT!

Il vous a quittée pour une autre (appelons-la la tabarnouche/la guidoune/l'agace) et vous avez besoin de manger ET de rager? Voici la recette parfaite!

Tout d'abord, préparez un banana split traditionnel:

Épluchez une banane. Déposez trois boules de crème glacée à la vanille dans un bol. Nappez une des boules de crème glacée de sauce au chocolat, une autre de caramel et une de confiture ou de coulis aux fraises. Noyez la crème glacée sous la crème fouettée, et *toppez*-moi ça de cerises sur le sundae.

Étape tragique: Prenez la banane, dites-lui adieu et lancez-la le plus loin possible. Par la fenêtre en hurlant des insultes m'apparaît comme une façon appropriée, en plus un animal s'en délectera, mais vous pouvez aussi la donner à une autre fille ou encore l'écraser avec une fourchette, pour l'analogie. Soyez créative! L'important, c'est de vous résigner. Cette banane, elle n'est plus à vous.

Étape orgasmique: Dévorez les boules de chocolat parce que oui, les boules, c'est encore vous qui les avez.

LES NACHOS DU MACHO

Vous êtes un homme et vous vous êtes fait sacrer là. Ouch. Vous avez mal à l'ego, à l'orgueil et en plus, tsé, quand ça va pas ben, vous avez faim. C'est le temps de vous faire les Nachos du Macho.

Achetez des nachos, mettez ça dans un bol, mettez de la viande, ben d'la viande (vous êtes un homme après tout! Grrrr! Envoye le pepperoni, le bacon, le steak haché), saupoudrez de fromage râpé, de salsa, d'olives et de tout ce qui vous fait envie. Et mettez-en, c'est pas de l'onguent.

Faites chauffer au four pour que le fromage coule comme les larmes que vous aimeriez verser, puis allez déguster ça assis sur le divan, les pieds sur la table, en regardant une émission qui ferait dire à une fille: «On va pas regarder ça j'espère!!?» Et savourez le moment présent. C'est vous, le maître des lieux, vous pouvez mettre votre main dans votre caleçon, *go*! Vous pouvez même laisser votre corps émettre des sons, personne ne pourra vous regarder avec dégoût. Vous êtes le *king* du salon!

Vas-y, mon homme. Tant qu'à être seul, aussi bien en profiter parce qu'un jour, tu vas être en couple, et ça, ben ça va peut-être te manquer.

LE «TU ME FUCKING NIAISES» DRINK

Ce drink, dont le nom rend hommage à une expression usée à la corde par ma meilleure amie Annie, se boit évidemment entouré d'amis. Important: la quantité d'alcool qu'il contient doit être modérée, sinon ça sera pas long que votre discussion, vous allez l'avoir avec votre bol de toilette.

Préparez-vous votre drink préféré (vodka jus d'orange, rhum & coke, gin tonic, etc.) en ne mettant que la moitié de la mesure habituelle d'alcool (le quart si vous sortez d'une relation de marde épique).

Une fois votre drink en main, videz-vous les crottes de sur le cœur. À chaque crotte, dites fort: «Tu me *fucking* naises?!» et prenez une gorgée. Vous pouvez aussi y aller de variantes comme:

— «Me prends-tu pour une cruche?»
— «J'ai-tu une poignée dans l'dos?»
— «Non mais, ça prend-tu un estie de tarla?»

Et là, entamez le rituel.

Exemple:
«Pis là, il me dit "Je t'aime mais j'ai besoin de réfléchir à nous... à moi..." Tu me *fucking* naises???»
Prendre une gorgée.
Répéter tant que le motton est pas sorti.

148

C'est comme un exorcisme de la colère, mais à l'alcool plutôt qu'à l'eau bénite. À ne pas répéter trop souvent. C'est un bon partenaire amoureux que vous voulez trouver, pas un *sponsor* chez les AA.

Pour les hommes, je suggère la variante caisse de vingt-quatre avec des chums de gars à dire... ce que vous dites d'habitude. Parce que, honnêtement, je sais pas ce que vous vous dites d'habitude. J'suis une fille et j'assiste rarement à ce bout-là.

Variantes: amusez-vous à faire des recettes jadis interdites à cause de votre ex. Elle était intolérante au lactose? Passez une soirée au bar laitier le plus près et prenez une brosse de cornets. Il était allergique aux noix? Faites-vous une journée «Tiens, d'ins noix!» Toasts au beurre d'arachide pour déjeuner, salade poulet pomme noix de grenoble pour le lunch, plat de poulet épinards sauce arachide pour souper, peanuts BBQ et Cracker Jack pour finir la soirée devant un film, etc. Il était intolérant au gluten? Gâtez-vous! Mangez du... de... ben de pas mal tout, enfin! Ça fait que mangez!

Vous avez juste besoin de réconfort et d'un câlin? C'est un pot de crème glacée qu'il vous faut. Ne prenez pas le plus gros, choisissez plutôt votre préféré, celui que vous ne prenez jamais parce que c'est ben trop cochon. Là, c'est le moment. Et oubliez le gym pour un temps. Vous êtes en peine d'amour. Vous brûlez à petit feu par en dedans. C'est suffisant pour le moment.

Bon appétit!

C'EST LA FAUTE AUX ARCS-EN-CIEL

En amour, j'ai eu des petits moments *cutes* de temps en temps, bien entendu. Sinon, je ne m'acharnerais pas à continuer d'essayer, à continuer d'y croire, à regarder des robes de mariée comme s'il y avait des chances que j'en porte une ailleurs qu'à un party d'Halloween ou dans un tournage.

Ça doit bien faire dix ans de ce moment *cute*-là. J'étais en spectacle, et un humoriste partageait la scène avec moi ce soir-là... et il me plaisait vraiment. Vraiment. *Cute*, drôle, charmant. Mais comme je crois à la règle qui stipule *don't fuck with the payroll* (assez ironique, quand on sait qu'un show sur deux paye pas ou paye des pinottes!), je me suis gâté les yeux à le regarder et les oreilles à l'écouter, sans plus. Je spécifie que chez les artistes, la machine à rumeur est toujours prête à partir, alors pas besoin de la nourrir par exprès. Bref, il s'appelait pas-touche, mais câline que j'avais le goût de l'appeler comme il aurait voulu dans ma chambre à coucher. Et dans mon salon. Et dans ma cuisine. Vous voyez ce que je veux dire.

Après le show, tandis qu'on dis*cute*, il continue de me donner beaucoup trop de raisons de le trouver de mon goût. Il me fait rire, il sent bon, il me réveille la libido et y a pas un *snooze* qui arrive à l'éteindre, mais une petite voix essaie de me tuer l'envie en me disant: «Nenon, pas touche, il pue, il est con, ouache, caca.» J'essaie fort fort de me convaincre que c'est comme le bonheur, ça va passer! Puis un moment donné il me fait la bise. Ouf! Il s'en va, je vais pouvoir retrouver un pouls quasi normal. C'est pas pour me vanter, mais ça commence à être une job à temps plein de m'empêcher de lui sauter dessus. Il s'en va, je commence à discuter avec je sais pas trop qui, peu importe, je suis juste occupée à dire à ma libido de retourner dans son semi-coma, ça va être correct, il est parti, le *cute* et gentil garçon.

Une quinzaine de minutes plus tard, coup de théâtre: on me tape sur l'épaule. Je me retourne, et ne vois-je-tu pas monsieur «Allô ma libido» qui me regarde avec un sourire un peu niais. Il me dit: «Tu viens dehors? Je veux te parler.» Je me demande bien ce qu'il veut. Mes jambes le suivent presque en gambadant. Dehors, il se plante devant moi, me regarde avec son regard beaucoup trop sexy pour que ça soit légal et me dit: «Je suis arrivé chez moi, j'allais me coucher. Et là je me suis dit, je ne pourrai jamais dormir si j'embrasse pas cette fille, elle est magnifique.»

Ma tête et mon cœur ont même pas le temps d'encaisser le coup, ben voyons donc t'es trop *cute* je vais mourir que BANG! il m'embrasse. D'un baiser qui donne le goût de s'évanouir, mais juste une coche en dessous : on reste consciente et on savoure chaque goutte d'ADN, chaque sensation, chaque frisson. Nos langues dansent le tango sur le rythme de nos cœurs qui battent une chamade en 4x4.

Il m'a embrassée comme ça pendant je ne sais plus combien de temps, mais certainement un moment de bonheur et demi. Puis, il m'a regardée avec ses yeux toujours aussi trop chou et il est parti.

Non, on ne s'est pas fréquentés, non, je ne vous dirai jamais de qui il s'agissait, mais je vous dirai ceci : ça fait au moins dix ans que c'est arrivé, mais c'est à cause de petits moments comme celui-là que j'y crois encore. C'était comme un arc-en-ciel entre deux averses de marde. Et j'ai juste à fermer les yeux pour me rappeler la sensation. Et tant que je m'en souviendrai, je continuerai d'y croire.

BOBO LE CŒUR

« VIVRE, CE N'EST PAS ATTENDRE QUE LES TEMPÊTES PASSENT,
MAIS APPRENDRE À DANSER SOUS LA PLUIE. »

VIVIAN GREENE — TRADUCTION LIBRE

AVERTISSEMENT

Le contenu de la prochaine section est parfois explicite, parfois dur, pas nécessairement drôle ou, en tout cas, pas autant que celui des sections précédentes. J'y traite de sujets que vous pourriez trouver difficiles. J'y fais mention de jalousie, de violence, physique comme psychologique, et d'autres sujets qui font aussi, malheureusement, parfois partie d'une vie amoureuse de marde.

Vous ne vous sentez pas le cœur assez solide ou vous êtes en vacances à Punta Cana? Rendez-vous tout de suite à la page 183.

Pour tous ceux qui se reconnaîtront dans les textes qui suivent, sachez que vous n'êtes pas seul(e)s! Et ça fait du bien!

COMPLÉMENT DE LECTURE
Je vous conseille de porter du mascara waterproof, d'avoir sous la main des Kleenex et quelque chose à boire, de vous assurer qu'une chum de fille est près de vous et de planifier de regarder un film niaiseux après avoir lu cette section.

L'AMOUR QUI FESSE

«*Love does not hurt.*»

Quand j'ai entendu cette phrase à l'émission d'Oprah, ça a fessé. Vérité élémentaire, que vous allez me dire. L'amour, c'est pas supposé faire mal. C't'encore drôle, que je vais vous répondre.

Explications.

J'avais dix-neuf ans. Mes amis de l'époque et moi, on vaquait à notre activité préférée : boire de la bière et jaser dans un bar. Puis tout d'un coup, bang! L'ami d'un ami arrive et il est juste trop beau. Et quand je dis trop beau, j'veux pas dire : «Ouin, pas laid!» Je parle du genre de gars qui se fait arrêter sur la rue par des recruteurs de mannequins qui lui laissent leur carte. Ouin, beau d'même.

Ça n'a pas été long que moi aussi, je voulais le recruter. On s'est mis à jaser, il était aussi charmant que beau, il était grand, il sentait bon, on s'est embrassés, on s'est fréquentés, on s'est aimés et *next thing you know* je partais de chez ma mère pour emménager avec lui. Mon premier appart', avec le plus beau gars en ville. Je me pinçais presque.

Au début, c'était le rêve. Déjà, partir en appartement, ça donne une sensation de liberté incroyable. On peut manger des chips pour souper, des Pop-Tarts pour déjeuner, peinturer la chambre trois couleurs, faire des partys tous les samedis soir, jouer au Nintendo toute la nuit dans le salon un peu *tipsy* sur le schnapps aux pêches. C'est la concrétisation d'un fantasme d'adolescent attardé qui organise le festival du mauvais jugement sans même être jugé.

Ça a duré à peu près six mois.

Puis j'ai commencé à connaître un autre côté de la personnalité de mon beau mec. Mon Anakin a commencé à virer Darth Vader. Au début, c'était de petites phrases. «T'es sûre que tu veux manger ça? Tsé, t'es pas mince, mince...» C'est vrai que je n'étais pas la plus mince. Et je voulais le garder, mon mec, il était tellement beau! Et quand il était fin, il était tellement fin! Dans le fond, il était juste honnête, il disait ça pour me rendre service.

Puis il a commencé à me dire des choses déplaisantes, et même dégradantes, devant ses amis. Aujourd'hui, avec le recul, je comprends d'où ça venait : complexe d'infériorité de gars qui n'avait pas passé sa deuxième secondaire et qui sortait avec une fille en train de réussir son bac avec brio. C'est ce qui le poussait à me rabaisser. Mais du haut de mes vingt ans, j'étais incapable d'analyser les choses de cette manière. Ça faisait juste mal.

Une fois, on prenait un verre en gang sur une terrasse. J'étais super fière d'annoncer que j'avais eu A+ dans mon cours de droit. Il a ajouté : «Ben là, tsé, t'as pas de mérite, t'étudies même pas pis tu pètes des scores!» Un de ses amis a enchaîné en proposant un toast à l'autre fille de la bande, celle qui avait enfin passé son permis de conduire après trois échecs... Et, oui, c'est à ça qu'on a trinqué. C'était ça, l'exploit du soir. Mon mec m'a regardée et m'a fait un clin d'œil. Alors j'ai pris sur moi et j'ai trinqué aussi. Il était tellement beau!

Un jour, il est arrivé avec une nouvelle chaîne stéréo pour l'appartement. Comme on n'était pas riches, j'ai demandé d'où ça venait. Sa réponse : «Toi pis tes esties de questions, pas capable d'être juste contente des fois, hein? Ben non!» J'ai compris que ça avait été volé... et qu'il valait mieux arrêter de poser des questions.

Avec le temps, «T'es pas mince, mince» est devenu : «T'es pas belle. T'es grosse. T'es chanceuse que je reste avec toi parce qu'il y a pas un gars qui voudrait de toi, regarde-toi!» Et moi je le croyais. Je me trouvais chanceuse. Non seulement il y avait un gars qui voulait de moi, mais en plus, c'était le plus beau!

Puis, «Ostie que tu me fâches des fois» s'est transformé pour devenir : «Des fois, tu mériterais que je t'en crisse une.» Ma vie était parsemée d'un coup de poing sur la table, d'une table brisée, du chat qui revole parce qu'il a eu la mauvaise idée de se placer dans le champ de vision de mon chum pendant la *game* de hockey...

Il a fini par passer à l'acte, c'était inévitable. Il a voulu me frapper au visage, je me suis tassée juste à temps et il a frappé le mur. Il s'est cassé deux jointures. Ça l'a fâché, parce que si je m'étais pas tassée, il se serait pas fait si mal!

Après ça, tous les jours, je voyais ses marques des jointures dans le mur du corridor et je me trouvais chanceuse : ce qui aurait pu ou dû les recevoir, c'était ma face. Et mon Dieu qu'il était beau.

Pour une raison dont je ne me souviens plus – je ne sais plus si j'avais fait quelque chose qu'il considérait comme stupide (ça arrivait souvent) ou si le Canadien avait perdu (demandez-vous pas pourquoi j'ai le hockey en horreur), un soir il s'est vraiment, mais vraiment fâché. Il m'a attrapée par la gorge et m'a plaquée au mur. Pendant quelques secondes, mes pieds ne touchaient plus le sol. Il a fini par me lâcher, j'ai repris mon souffle... Depuis ce soir-là, personne ne peut approcher sa main de mon cou sans que je panique, je n'arrive même pas à porter un collier. Et ça fait vingt ans.

L'amour, ce n'est pas censé faire mal. Jamais. Un gars violent dira à sa blonde : « Ben là, tu exagères, frapper, frapper... T'as même pas de marques ! » Mais c'est complètement faux. Ces coups qui ne sont supposément pas des coups, ça laisse des marques. Bien plus profondes qu'on pourrait le croire. Ce n'est pas parce qu'on ne les voit pas qu'elles ne sont pas là.

Aujourd'hui, je ne supporte pas non plus qu'on hausse le ton. Pour moi, quelqu'un qui crie est fâché, et la colère, ça signifie que quelqu'un ou quelque chose va revoler. Et si c'était moi ?... Quand on me dit que je suis belle, je dis merci, mais dans ma tête, il y a toujours une petite voix qui dit : « Ben non, t'es pas belle, pis t'es grosse ! » Si on approche une main de mon visage, je panique. J'ai dû transmettre ce réflexe à mes enfants ; ma réaction est incontrôlable. Avoir peur quand notre propre enfant veut nous toucher, laissez-moi vous dire que ce n'est pas l'expérience la moins traumatisante.

Pas de marques ? Vraiment ?...

Après chaque grosse crise, mon homme devenait un autre homme. En termes de cycle de la violence, on appelle cette phase celle de la lune de miel. Il se mettait à genoux, piteux, repentant, les yeux pleins d'eau, me disait qu'il était un écœurant, qu'il ne me méritait pas, que j'étais extraordinaire, qu'il m'aimait plus que tout, que j'étais belle, qu'il ne voulait pas me perdre... Il me couvrait de baisers, de fleurs, de cadeaux, de petites attentions, alors je le croyais et je restais. Dans ces moments-là, il était tellement, mais tellement beau !

C'est le jour où j'ai réalisé que ma mère avait peur de lui que j'ai flashé. Comme si ses menaces ne suffisaient pas. Quand quelqu'un que j'aime s'est inquiété pour moi, a eu peur pour ma sécurité, j'ai réalisé que ça n'avait pas de sens. À force de l'entendre me dire que j'étais moche et que personne d'autre ne voudrait de moi, j'avais fini par le croire... Mais l'idée que ma mère angoissait pour moi, ça, ça m'a sciée en deux. Alors je l'ai quitté. Évidemment, il a fait comme si ça faisait son affaire, qu'en fait LUI me quittait, il m'a blessée jusqu'à la dernière goutte. À la fin de notre cohabitation, il a découché et est revenu le lendemain tout fier de me dire qu'il avait couché avec une autre fille et qu'elle, au moins, elle avait de gros seins.

Le jour glacial du déménagement, je lui ai dit qu'il pouvait garder le poêle et le frigo vu qu'on m'en avait finalement donné d'autres. Il m'a remerciée, m'a regardée dans les yeux... et les a lancés par-dessus le balcon.

Du troisième étage.

À l'annonce de notre séparation, dans mon entourage, la réaction était généralement toujours la même : «Oh non, c'est vrai? C'est donc ben d'va-leur. Il était tellement beau!!!»

Ouin. Y était ben ben beau. Mais c'est l'amour qui est supposé être beau, pas juste le gars.

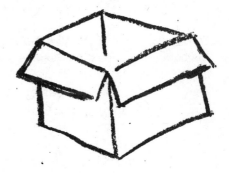

LE POISON DE LA JALOUSIE

La jalousie, c'est malsain, mais surtout, c'est très insidieux. Sortir avec quelqu'un de jaloux, c'est comme prendre du poison : on en absorbe une goutte tous les jours. On ne sera pas malade instantanément. Mais on se sentira un peu plus mal chaque jour, sans jamais comprendre pourquoi. Puis, un (pas) beau matin, on ne pourra plus se lever, on se sentira mal de la tête aux pieds en passant par l'âme, et on n'aura aucune idée pourquoi.

Certaines personnes affichent des comportements jaloux dès les premiers instants d'une relation, et c'est tant mieux. Quelle belle occasion de prendre ses jambes à son cou! Ne vous retournez même pas, courez. Mais en général, ces comportements apparaissent petit à petit, jusqu'au jour où ça devient gros comme un éléphant. On réalise alors qu'on est pris dans une relation dont on serait la première à dire, si elle arrivait à quelqu'un d'autre : «Ben voyons donc, quelle relation épouvantable, veux-tu ben me dire pourquoi elle part pas? Moi, ça ferait longtemps que j'aurais sacré mon camp!»

L'HISTOIRE DE LA JALOUSIE

Au début... il est gentil, il est plein de petites attentions, il est galant, romantique, il nous traite comme une princesse, que dis-je, une reine, et les hormones de l'amour nous font tout voir en rose. Alors on remarque à peine les petites phrases à saveur de jalousie qui parsèment parfois notre quotidien amoureux.

«T'es belle, habillée comme ça, *babe*. J'te dis que tu vas faire tourner les têtes ce soir!»

C'est si mignon. Surtout le petit clin d'œil qu'il rajoute à la fin. On se voit à travers ses yeux et on se trouve tellement belle. Aucun problème avec cette phrase-là, si ce n'est qu'elle évolue et que six mois plus tard, elle ressemble plutôt à : « Tu vas y aller là habillée comme ça ? Ouin ! J'te dis que tu vas te faire *cruiser* solide. Tu vas vraiment mettre ça ?? » Sans clin d'œil à la fin. Alors on se dit que notre homme est un peu jaloux. *Awwww*, c'est donc ben *cute*. Il est tellement amoureux de nous, la preuve ! Il ne veut pas nous partager, et encore moins nous perdre !

Un an plus tard, c'est devenu : « Tu vas pas là habillée comme ça. Franchement, t'es-tu vue ? T'as presque l'air d'une pute. » Non seulement il n'y a même pas un petit sourire à la fin, mais y a un genre de face de dégoût pas l'fun. On se regarde dans le miroir et on se demande si on a vraiment l'air d'une espèce de fille *cheap* facile, vu que c'est exactement ce que sa face nous renvoie. Et on constate que non, pas pantoute.

Mais d'un autre côté, s'il le dit...

On est d'accord que rendue là, on devrait changer de chum. Mais à la place, on change de vêtements. Parce qu'il a le don de nous faire croire qu'il dit ça parce qu'il nous aime. Il veut nous protéger, il fait ça pour notre bien. On a presque l'impression qu'il vient de nous épargner de nous faire crier « Guidoune !!! » dans un lieu public. Presque. Parce qu'on est encore un peu saine d'esprit, qu'on a un miroir et un cerveau et qu'on sait fort bien que non, on n'est pas habillée comme une guidoune.

Au début, quand on sort avec nos amies, il dit qu'il trouve ça super cool, que c'est important les amies, il nous souhaite une belle soirée et dit qu'il va en profiter pour sortir avec ses chums de son bord. À notre retour à la maison, il est déjà là, il n'avait plus envie de voir ses amis. Il nous fait remarquer qu'on rentre pas mal tard et demande, à la blague : « Alors, tu t'es fait *cruiser* pas mal ? », avec une petite tape coquine sur les fesses.

Après quelques mois, au moment où on part rejoindre nos amies, il dit : « Unetelle, qui est célibataire, elle va être là ? », et il est déçu quand on dit oui. Il dit en riant qu'il espère qu'elle ne nous entraînera pas dans ses histoires de *cruise*, et nous demande de ne pas rentrer trop tard parce qu'il va s'ennuyer de nous. On trouve ça *cute*. On revient moins tard que la fois précédente. Il trouve ça, bizarrement, encore trop tard. Il trouve aussi qu'on sent l'alcool. Il lance : « Ouin, j'te dis que ça a fêté fort. Pis j'imagine que tu t'es fait *cruiser* solide ? » On lui dit que non, on se justifie, on lui rappelle qu'on n'a pas conduit, qu'on peut bien boire un peu de temps en temps, on le rassure, on lui dit qu'on l'aime. On se dit que c'est de l'amour un peu tout croche, mais que c'est de l'amour quand même.

Puis, après environ un an, il n'est clairement pas chaud à l'idée que «sa» femme sorte avec ses amies. En fait, c'est pas mal toutes des guidounes, à l'entendre. On y va quand même, parce qu'on est une grande fille, on a le droit de faire ce qu'on veut, c'est pas comme si on s'en allait aux gogo boys! Et même si on y allait, voyons, il sait bien qu'on n'aime que lui, et on a le droit de voir nos amies, quand même!

Durant la soirée, il nous texte. Souvent. Il nous attend. «T'es où, *babe*???» On est où on est supposée être, mais ça ne semble pas être la bonne réponse, parce que la bonne réponse, et ça aussi on va le comprendre plus (trop) tard, c'est: «Je suis ici à côté de toi à la maison.» Et le «*babe*», c'est pour nous donner l'impression que tout ça, c'est de l'amour. C'est un peu comme dire: «Je t'aime, salope», en à peine plus subtil.

Durant nos rares sorties, nos amies nous demandent de lâcher notre cellulaire (probablement parce qu'on pâlit un peu plus à chaque texto), elles nous demandent d'arrêter de regarder l'heure, elles ne comprennent rien (ou elles comprennent trop bien) quand on quitte vers 22 h, alors qu'autrefois on était *the life of the party*! Nous, on trouve au contraire qu'il est tard parce qu'on sait maintenant que passé 21 h, on est dans marde.

À la maison, il n'a pas bougé du divan, même s'il avait promis de sortir de son côté cette fois-ci. On avait insisté, surtout pour éviter d'avoir l'impression qu'il attendait après nous. C'est plus tard qu'on va comprendre que c'est exactement pour ça qu'il ne sortait pas. Pour qu'on se sente coupable de le laisser seul, pour être sûr qu'on n'aura pas de fun. Pas sans lui. Jamais.

Dans le salon, il y a trois ou quatre verres vides devant lui, il sent le gin et la colère. Il était pas chaud à l'idée qu'on sorte, il est chaud quand on a la mauvaise idée de rentrer. Il vient sentir notre haleine et nous lance: «T'es soûle! Tu pues la boisson. Pis habillée de même, avoue que tu t'es fait *cruiser* pis que t'aimais ça. Tu peux me le dire, ça me dérange pas.» Là, il n'y a plus de petite tape sur les fesses. On ne le sait pas encore, mais un jour, on va passer pas mal proche de la tape su'a yeule, par exemple.

On n'a pas bu autant qu'il l'imagine, on n'a certainement pas *cruisé* et on ne mérite pas cet accueil de marde. En plus, on sait qu'on va se coucher à côté d'un gars fâché qui va probablement nous faire la gueule et avoir la gueule de bois toute la journée le lendemain. Demain n'est pas encore commencé que c'est déjà une journée qu'on veut oublier.

Alors on se dit qu'on ne sortira plus. Avec un accueil comme ça au retour *anyway*, on n'a plus envie d'aller nulle part. C'est rendu que même quand on va au dépanneur, il nous demande pourquoi on se met du mascara. Parce que oui, on est sûrement en train d'avoir une liaison intense avec le livreur en bicycle à pédales. C'est n'importe quoi. Alors on ne sort plus, sauf lorsqu'on n'a pas le choix ou qu'on peut l'emmener. Et quand on en arrive là, eh bien il a gagné, on est détenue dans la prison de la jalousie. Parce que c'est exactement ça qu'il voulait. C'était peut-être pas conscient, c'est pas un plan élaboré depuis le jour 1, mais c'est ça pareil. Et là, tout devient plate. Notre linge, notre vie, nos histoires, nos sorties, c'est plate et on est plate. Mais au moins il ne fait plus de vagues, alors on se dit que c'est pas si pire dans le fond.

Avec notre entourage, on parle de moins en moins de la relation parce qu'on a un peu honte. On écoute à peine ce que nos amies nous disent sur notre chum et sur ce qu'on est devenue. On se dit qu'elles ne peuvent pas comprendre. Et on ne s'écoute pas soi-même non plus parce qu'en fait, on sait qu'elles ne comprennent que trop bien. On ne voit pas l'évidence qui est en jaune fluo dans notre face : on est avec un jaloux qui est en train de nous ruiner la vie. À la place, on préfère regarder les fleurs qu'il nous a achetées ou les photos du voyage qu'il a payé. Il nous aime tout croche, mais il nous aime. C'est des preuves, ça. Non?

Ben non. Parce que ça ne s'arrête jamais. Au contraire. La jalousie, c'est un poison si puissant que même quand on ne fait rien, on est dans la marde. Dès qu'il n'est pas en notre compagnie, il s'imagine des choses. Même à nos côtés, il imagine des regards et des histoires. N'importe quel câlin à un vieil ami devient louche, le moindre petit sourire à un beau garçon donne lieu à un sermon ou à une engueulade. En fait, le plus simple serait qu'on ne voie ni ne parle plus jamais à des gars âgés de dix-huit à cinquante-huit ans. Ni aux lesbiennes, juste au cas....

Et on se rend compte qu'on ne sait pas trop comment c'est arrivé, mais la fille pognée avec le gars jaloux, ben c'est nous. Mettre fin à tout ça nous donnerait droit à une crise, et ça nous fait vraiment peur. Il va dire qu'il s'en veut, qu'on a raison, qu'il va changer, et on le croit. Et on reste. Et ça passe... et ça recommence. Parce que c'est un comportement qui ne s'arrêtera jamais, pas sans une sérieuse thérapie, en tout cas. Ce n'est pas nous, le problème, c'est lui. Il est un nuage devant notre soleil avec son manque de confiance en nous, mais en fait, tout ça, c'est la terrible conséquence de son manque de confiance en lui.

Et un jour, on n'en peut juste plus. On n'est plus soi-même, et lui, il est loin d'être le gars duquel on est tombée amoureuse. Probablement parce que ce gars-là n'existe pas, ou est juste caché loin loin loin sous le spectre de la jalousie.

Alors on prend son courage à deux mains et on le quitte. Il capote quand il se rend compte que sa tactique de faire pitié ne fonctionne pas cette fois-ci, alors il part dans l'autre direction, plus naturelle, et nous crie qu'on est une *fucking bitch*, qu'il a toujours su qu'on le trompait, «allez avoue que c'est pour un autre gars que tu me laisses, avoue, avoue, AVOUE DONC TABARNACK!!!».

On fait presque dans nos culottes, mais on le quitte quand même. C'est pas vrai que notre vie va s'arrêter pour quelqu'un qui ne va pas bien. Nous, on veut aller bien. On a le droit d'aller bien. On le quitte, mais pas pour un autre gars, juste pour une personne tellement importante, celle qui nous est réellement tout à fait indispensable. On le quitte pour SOI.

ENTRÉE PAR EFFRACTION

Dès notre plus jeune âge, on nous apprend ce qu'on peut et ne peut pas faire.
- Mets ta main devant ta bouche quand tu tousses!
- Ne mets pas ta main sur les fesses des gens que tu ne connais pas!
- Tourne ta langue dans ta bouche sept fois avant de parler!
- Ne la tourne pas dans la bouche de quelqu'un d'autre!

On nous apprend où sont les limites. On nous dit qu'en en sortant on risque d'en subir les conséquences. Généralement, la conscience est suffisante à nous empêcher de les dépasser, l'empathie et l'humanité nous permettent de faire assez vite la différence entre ce qui se fait et ce qui ne se fait pas. Évidemment, il y a des gens qui les dépassent, les limites. Certains croient même qu'elles n'existent pas.

Ça prend de tout pour faire un monde, il paraît. Ça prend donc aussi des imbéciles et des gens sans jugement.

Quand une personne ordinaire marche sur la rue, elle ne tâte pas les portières des voitures au cas où, par hasard, il y en aurait une qui ne serait pas barrée. Mais d'autres vont le faire, et d'autres encore vont entrer dans un véhicule pour tenter de le voler, même si c'est barré.

J'ai déjà entendu des gens dire, après avoir été victimes d'un cambriolage : «Je te jure, je me suis sentie comme violée!!!» Il faut n'avoir été jamais violée pour dire ça. Je comprends l'image, et en général j'aime bien sortir des métaphores à tout bout de champ pour mieux me faire comprendre, mais là, non, ça ne marche pas.

Rien d'autre qu'un viol ne peut nous enseigner ce qu'on ressent quand on est violé.

Quand je me fais demander si j'ai déjà été violée, j'ai toujours une hésitation, comme une envie de répondre : «Hum, ben oui. Un peu.» Comment ça, oui un peu? Violer, ça vient pas dans toutes sortes de grandeur, ça ne peut pas être fait à moitié non plus. On se fait violer ou on ne se fait pas violer.

On dit qu'une femme sur quatre fera partie des pas-chanceuses-mais-pas-exceptionnelles-non-plus qui subiront une agression sexuelle au cours de leur vie. C'est énorme. Un homme sur dix se fera agresser sexuellement au cours de son existence. Pour les unes comme pour les autres, au Québec, dans 69 % des cas l'agression a lieu dans une résidence privée, et plus souvent qu'autrement, elle est commise par quelqu'un qui est connu de la victime.

Là non plus, je ne suis pas spéciale. Je suis dans les statistiques.

Le plus triste, c'est probablement que les agressions sexuelles constituent les infractions contre la personne les moins signalées aux autorités policières. Pourquoi? À cause de la honte, de la peur ressentie par les victimes, des tabous, des mythes, des préjugés.

Ce qui m'a personnellement incitée à ne pas en parler, c'est ce que j'appelle le syndrome du «C'est quand même un peu la faute de la fille», et cette fausse question: «Mais c'était-tu vraiment un viol, dans le fond?»

Commençons avec cette question saugrenue. «Comment ça, c'était-tu un viol?» Si quelqu'un est en voiture et fonce dans un autre véhicule, c'est un accident ou c'est pas un accident?

OUI.

Ben c'est pareil pour le viol. Sauf que la seule assurance qu'a la personne violée, peu importe son statut, c'est qu'elle va s'en souvenir toute sa vie.

MON HISTOIRE D'ACCIDENTÉE

C'était l'ami d'un ami d'une amie, ce qu'on appelle communément une connaissance. On était toute une bande d'environ une douzaine, on se tenait ensemble la plupart du temps, on sortait, on faisait des fêtes, on était jeunes, on avait du fun en gang, et lui, il faisait partie de cette gang. Appelons-le Cromagnon.

Un soir, on est tous descendus faire la fête dans un bar du centre-ville. Après une longue nuit à boire et à danser, on a décidé d'aller coucher chez un des gars de la bande, question de continuer le party. Je me souviens qu'en revenant, Cromagnon a offert de me donner un *lift*, à condition que je conduise son auto parce qu'il était trop éméché et pas moi. Je nous ai donc conduits, Cromagnon, moi et deux ou trois autres amis, jusqu'à l'appart de je ne sais plus trop qui. Cromagnon a chialé un peu sur ma conduite de sa sacro-sainte voiture, il était soûl et semi-désagréable, mais comme j'en avais vu d'autres, je n'en ai pas fait de cas.

Rendu chez l'ami-hôte, on a continué de fêter un peu et on a tous fini par s'endormir, un peu partout dans l'appartement. J'étais dans la même pièce que Cromagnon, un grand salon double. Un moment donné, il s'est approché et a commencé à se coller sur moi. Je ne l'avais jamais trouvé de mon goût, pour moi il était un gars de la gang et c'est tout, je ne lui avais jamais envoyé de signaux comme quoi il me plaisait, alors j'étais pas mal surprise. Je l'ai repoussé en le traitant de niaiseux. Je me disais: il est soûl, il agit en con, vaut mieux dormir. Mais il n'arrêtait pas. Moi, j'ai vite arrêté de rire cependant. Je ne le traitais plus de niaiseux, je lui disais de me lâcher. Je le repoussais. À deux mains. Mais il était nettement plus grand (six pieds trois!) et beaucoup plus fort que moi, et, bizarrement, pas mal en forme pour un gars soûl finalement.

Il a continué de se frotter sur moi en employant de plus en plus de force, presque comme un chien qui «zigne», tout en détachant son pantalon. C'est là que j'ai compris que ce gars-là allait me baiser, que je le veuille ou non. Et c'était moi qui allais décider à quel point ça allait être désagréable.

J'aurais pu crier, j'imagine. Quelques amis étaient éparpillés dans l'appart, ils dormaient comme du monde soûl : dur comme des bûches. J'aurais pu hurler et ameuter les gens, mais je n'ai pas osé. Je voulais faire partie de la bande, pas devenir celle qui crée les problèmes. Cromagnon était l'ami des amis, comment auraient réagi les autres? Est-ce que les gens auraient été de mon bord? Et lui, il dirait quoi? J'avais vu le film *The Accused* à plusieurs reprises. Assez pour savoir que plus souvent qu'autrement, peu importe comment on rapporte les faits, on finit par croire que tout ça, c'était la faute de la fille.

J'ai donc adopté la posture qui me semblait être la moins dangereuse : la morte. Faire la morte, c'est une technique qu'il nous arrive de développer quand on est dans un couple de marde qui ne fonctionne plus, mais dans lequel il serait encore plus pénible de vivre si on privait l'homme de sexe. Alors, on se laisse faire mais on ne participe pas. On n'a pas envie d'avoir du sexe (on ne peut plus appeler ça «faire l'amour» à ce stade, pour des raisons évidentes : il n'y a plus d'amour quand on doit faire la morte), mais ça nous tente encore moins de nous taper une crise ou un interrogatoire sur notre non-désir. Donc on se laisse faire comme une poupée inanimée.

Mes excuses aux gars à qui je viens de péter la bulle en dévoilant cette technique. Mes excuses aux filles d'avoir dévoilé notre secret.

Juste avant de faire la morte, je suis sortie de ma tête. Une autre technique; celle-là, je l'ai apprise d'une amie qui a été danseuse nue. Quand je lui demandais comment elle pouvait, sans hurler ni pleurer, danser et s'écarter les jambes devant des gars qui bavent et lui lancent de l'argent, elle m'a expliqué qu'elle sortait de sa tête et faisait toutes sortes de trucs dans son cerveau, pour se distraire de ce qui se passait réellement : elle pensait à ses projets, à ses futurs voyages, faisait sa liste d'épicerie dans sa tête, etc. Son corps était là à s'écartiller, offert, mais pas elle; elle, la vraie elle, était protégée.

J'étais donc un corps presque mort avec une tête presque vide. J'avais bien compris que me débattre ne servirait à rien. Quand un homme est prêt à entrer dans l'intimité la plus intime d'une femme malgré l'avalanche de «Non» et de coups, on ne sait pas comment il réagira si on s'oppose à lui. Je n'avais pas envie de me faire violer. Mais une claque sur la gueule ou des baffes, ça me tentait encore moins.

C'était clair, Cromagnon avait prévu de se vider dans quelqu'un ce soir-là: croyez-le ou non, il a sorti un condom et l'a enfilé. Si on fait abstraction de mes refus et des fortes bourrades avec lesquelles j'avais essayé de le repousser, on aurait presque pu croire à une relation consentante! Presque.

Il est entré dans mon corps comme on plante une fourchette dans un rôti, ça m'a fait mal mais j'ai serré des dents (un violeur à condom, ça ne vient pas avec le lubrifiant). Il a fait sa petite affaire comme un petit chien, puis il s'est couché sur le côté et s'est mis à ronfler.

Je n'ai jamais autant apprécié l'éjaculation précoce de toute ma vie.

Je me suis levée et je suis allée me coucher ailleurs. Je n'avais pas de voiture, pas de moyen de partir, je suis donc restée. Le lendemain, il n'a pas fait allusion à quoi que ce soit. Bien honnêtement, je ne suis même pas certaine qu'il se souvenait de ce qui s'était passé.

C'est le viol dans toute sa splendeur: le gars l'avait oublié le lendemain matin, alors que la fille en serait marquée pour la vie.

Quand j'ai raconté ce qui s'était passé à ma meilleure amie de l'époque, elle aussi dans la bande, elle m'a sorti: «Oui, mais t'étais soûle pas mal... pis tu sais comment tu fais des allusions des fois... pis tsé, on le connaît, c'est pas comme si...» Ses mots exacts sont vagues aujourd'hui, mais pas le sentiment que j'ai éprouvé: j'ai compris que j'avais bien fait de ne pas alerter qui que ce soit. Oui, on allait me donner du «T'as un peu couru après».

Petite mise au point: pas une femme ne désire se faire violer. Pas une.

Oui, il y a des femmes qui ont le fantasme de la domination, qui vont jouer à dire non pour se faire prendre un peu plus bestialement, un peu plus fort, comme dans un jeu de rôles. Mais justement, ce genre de relation-là se déroule avec quelqu'un qu'on connaît, avec quelqu'un avec qui on s'est entendu que ce serait comme tel. C'est un jeu, d'ailleurs ce genre de jeu a des règles: il y a généralement une entente sur un mot qui, lorsque prononcé, signifie l'arrêt du jeu, pour assurer que personne ne dépasse ses limites. Mais aucune femme n'espère se faire pénétrer de force par un homme. Aucune. Bien que la signification du mot «non» soit claire pour tous, ici, ce n'est pas un jeu. Il n'y a pas de mot magique.

J'ai mis ce souvenir-là dans un tiroir de ma tête, je l'ai fermé à clé et j'ai jeté ça loin loin loin dans le fleuve du déni. Je me devais d'essayer d'oublier cet épisode sombre de ma vie, pour vivre dans l'espoir que ça n'arriverait plus jamais. Il le fallait. Sinon, la peur serait devenue comme une prison intérieure qui m'aurait fait craindre le pire à chaque instant de ma vie, et je ne voulais pas vivre comme ça.

Le souvenir était en train de prendre la poussière dans son tiroir quand, quelques années plus tard, je suis sortie quelques fois avec un gars que je trouvais gentil et de mon goût. Après une belle soirée passée ensemble, il m'a offert d'aller prendre un dernier verre chez lui. Il me plaisait, je me doutais de comment ça allait finir, j'en avais envie, alors j'ai dit oui. On était à peine entrés chez lui qu'il s'est mis à m'arracher ma robe de sur le dos et m'a lancée sur son lit. Le gars charmant que je fréquentais avait quitté son corps, ou peut-être était-ce juste le masque qui était tombé, mais ce gars-là, je ne le connaissais pas et il me faisait peur.

Il était brusque, il me bousculait, c'était trop vite et trop violent pour moi. Je n'ai pas besoin de trois quarts d'heure de préliminaires, mais j'aime bien qu'on s'enquière au moins de mon envie à moi. Qu'on me démontre subtilement du désir avant une érection, mettons. Des bisous, des caresses, rien de bien extravagant. Mais lui, il voulait que ça arrive drette là. Ça m'a coupé l'envie justement de la même façon : drette là. Son regard animal me glaçait le sang. À la façon dont il me parlait et me touchait, je me sentais comme une pute, comme si on n'était là que pour ça et que ça pressait, qu'il n'avait pas une minute à perdre. Je lui ai dit et redit que je n'aimais pas comment les choses se passaient et que je voulais qu'il arrête, tout en essayant de me lever. Il m'en a empêchée et m'a dit : « Ben voyons, arrête de faire ta petite agace, là... Tu veux autant que moi pis je l'sais ben, ça fait que envoye, enlève-moi ça. » Il m'a enlevé mes sous-vêtements. J'ai haussé le ton pour lui dire : « Non, j'en ai pas envie ! » Je lui ai demandé d'arrêter de me déshabiller et de me laisser me lever. « Arrête donc, p'tite crisse d'agace, arrête de faire ta farouche pis envoye !!! » Il me tenait toujours coincée sur son lit et m'a enlevé le peu de vêtements et de dignité qu'il me restait.

J'ai presque hurlé. Je lui ai dit d'arrêter ou j'allais crier jusqu'à ce que les voisins appellent la police.

Ici, il est important de spécifier que j'ai pris un risque en mentionnant les forces de l'ordre, parce que le gars en question était justement en train de faire sa formation de... policier. Est-ce que ça se serrait les coudes, ce monde-là, ou, au contraire, aurait-il eu peur de perdre des chances de devenir une grosse police en se faisant accuser ?

Je ne le saurai jamais. Ce que je sais, c'est qu'il a lâché un assortiment de sacres, m'a lâchée moi aussi, m'a enfin laissée me lever, a ouvert la porte d'entrée, m'a poussée dehors en me lançant mon linge et a claqué la porte, puis j'ai entendu la serrure tourner.

«Envoye dehors, maudite agace!»

Ça, il ne l'a pas dit mais mais je me doute que son message d'au revoir, s'il m'en avait lancé un, aurait ressemblé à ça.

J'étais là, sur le coin de Saint-Denis et Bellechasse, en plein milieu de la nuit, à moitié nue avec des bas nylon déchirés et du mascara qui coulait, sous la pluie et sous mes larmes, me cachant le corps de mes lambeaux de robe et grelottant de froid. J'étais en état de choc. J'étais à la fois:

— contente de ne pas avoir été obligée de faire la morte ni de sortir de ma tête, et donc de n'avoir pas été violée;
— estomaquée d'être à moitié nue en ville en plein nuit, sanglotante et tremblante de froid;
— découragée de savoir que quelques mois plus tard, ce gars-là allait se promener avec un gun.

Il y a certainement quelqu'un qui veille sur moi d'en haut, parce que juste comme je me demandais ce que j'allais faire, un taxi s'est arrêté. Le chauffeur haïtien m'a demandé où j'allais, je lui ai murmuré que je n'allais nulle part puisque je n'avais pas d'argent, pas assez pour un taxi en tout cas. Il m'a répété: «Mais où vas-tu?» Je lui ai donné mon adresse et il m'a dit: «Allez, monte avant d'attraper ta mort, on y va.» Et il m'a ramenée chez moi, dans la nuit et dans le silence. J'imagine que quand on voit une fille en larmes et en lambeaux, ça ne prend pas la tête à Papineau pour comprendre qu'elle n'a pas envie de jaser météo ni hockey. Je me suis plus ou moins rhabillée sur la banquette arrière. Rendue chez moi, j'ai remercié le chauffeur et le ciel.

Je me suis dit que l'univers m'avait peut-être envoyé cet ange de la nuit pour me rappeler que pour chaque trou de cul, il y a un homme bon plein de bonnes intentions.

Aujourd'hui je me souviens de tout ça, oui. On ne l'oublie jamais. Mais ça ne me hante pas non plus. Ça fait partie de ma vie et, conséquemment, de ma vie amoureuse de marde. Après des expériences comme celles-là, il y a des choses qui changent. On a très peur de perdre le contrôle, on a peur du moindre petit geste contraignant, d'un ton qui hausse, des insultes, on devient un peu parano, on n'a pas le choix. On sait aussi, un peu plus que jamais, qu'un homme, c'est en général plus fort qu'une femme et que, oui, ça peut en abuser. Ce n'est plus une statistique ou un fait, on est une statistique parce que ça a été fait. On a beau savoir que tous les hommes n'agissent pas de la sorte, on sait qu'il y en a qui le font, et c'est suffisant pour être peureuse et craintive à jamais, pour toujours avoir ça à l'esprit, pas loin.

Ce que je garde de ces pénibles expériences, c'est que si jamais ça m'arrivait encore, peu importe où, avec qui et comment, je vais hurler ma vie cette fois-ci. Enfin, j'espère.

QUAND LA VICTIME DIT «MERCI»...

Cette histoire, je m'en suis remise : je refuse qu'elle déteigne sur moi à jamais. Mais ça m'a affectée presque toute ma vie. J'ai été déprimée, j'ai eu des pensées suicidaires, souffert du syndrome du choc post-traumatique... Pourtant, je pense encore un peu que c'était de ma faute.

Je sais, pour en avoir parlé à d'autres femmes qui l'ont vécu, que je ne suis pas la seule. Même si on croit dur comme fer que toutes les autres ne l'ont pas «voulu», on se juge un peu plus difficilement soi-même. Et je sais que quelques personnes vont me juger en lisant mon récit, parce que moi je le fais encore, chaque fois que j'y pense.

Un viol n'est pas un acte qui a rapport avec l'amour, et donc, qui ne devrait pas avoir rapport avec notre vie amoureuse (qu'elle soit bonne, de marde ou de mar... iée). Un viol, c'est une attaque.

Le problème, c'est que ce n'est pas toujours évident de le voir comme tel.

Moi, je sais que j'ai été violée, mais je n'arrive pas encore à me déresponsabiliser complètement, même si je sais très bien que j'étais mineure et que mon agresseur, non. Même si je sais qu'à la seconde où j'ai dit non, il aurait dû arrêter.

Je l'ai rencontré en allant me faire tatouer, dans un établissement qui a rapidement fait faillite, au centre-ville. Ça commence bien, hein ? J'attendais mon tour. Je niaisais là sans trop savoir quoi faire. Il y avait des serpents dans l'entrée, et le tatoueur avait accepté de me tatouer malgré mon jeune âge parce que... Bien, probablement juste parce qu'il voulait l'argent. Je m'étais fait faire un petit soleil dans le bas du dos. Pour cette partie du corps, la culture américaine a décrété que le mot «tattoo» était trop bon. Pour désigner une image placée là, on doit maintenant utiliser l'expression *tramp stamp*, soit «étampe de traînée». Ça n'arrête pas de bien commencer, hein ?

En attendant mon tour, je lisais un livre. Je lisais toujours un livre à cette époque-là. Le type en question se faisait tatouer avant moi. Je discutais un peu avec lui, parce qu'il se faisait tatouer et que c'était plate... et parce qu'il n'avait pas l'air du tout intéressé par moi, peut-être ? J'ai fini par le faire sourire et par me trouver pas mal sophistiquée d'avoir su capter son attention. Il était beau et fort et plus vieux que moi, il m'impressionnait.

J'ai déchiré la dernière page du livre pour lui donner mon numéro de téléphone.

JE lui ai donné mon numéro de téléphone !

Est-ce que mes parents m'ont élevée comme ça? Bien... un peu, oui. Ils m'ont enseigné que les gens sont bons, que si on est sincère, les gens seront plus sincères avec nous, ils m'ont appris à ne pas me fier aux apparences... Hum.

Il m'a appelée. Je lui ai répondu. On n'a pas eu de véritable conversation. Je n'ai jamais su son adresse ni son nom de famille, on n'a même pas échangé sur notre couleur préférée.

Ça faisait des semaines que mes amis se plaignaient que je ne faisais jamais rien – je lisais des livres chez nous, je regardais la télé (souvent en lisant un livre), et je fumais, parce que je pensais que c'était cool. Ouf! Ça a sûrement influencé ma réponse quand il a insisté pour que je vienne à une fête à son appartement. Il vivait au bout de la ligne de l'autobus qui passait tout près de chez moi. J'ai dit oui, surtout parce que c'était proche.

J'entendais les cloches. Les cloches dans ma tête qui me disaient: «Danger, danger, danger.» Mais je les ai prises pour un signe de mon cerveau: il était aussi vedge que moi et, par paresse, ne voulait pas que je sorte.

Je n'ai pas dit à ma sœur où j'allais. J'avais peur qu'elle me juge. Je n'ai pas pu le dire à mes parents non plus, ils travaillaient.

Violeur m'a rencontrée à l'arrêt d'autobus et m'a emmenée prendre une marche. On a tourné un peu en rond et parcouru plusieurs rues. Une fois chez lui, je n'ai pas réalisé qu'on était à une demi-rue de l'arrêt d'autobus. Son petit appartement, proche de l'Université Concordia, se trouvait au onzième étage de l'édifice. Je pense. Ça aussi, c'est flou. Je ne sais pas s'il détournait par exprès mon attention, mais je n'ai pas regardé.

On s'est mis à parler. Personne n'était arrivé pour la fête encore. Ding ding ding!!! J'ai aperçu une photo de lui avec un enfant. Il avait un enfant? Je n'avais encore rencontré personne d'aussi jeune avec un enfant. Je ne pouvais pas comprendre pourquoi son ancienne blonde aurait gardé ce bébé. Je suis restée longtemps sur le sujet, ça le rendait clairement inconfortable. Il m'a dit que la mère habitait désormais Ottawa et qu'il n'avait pas le droit de voir sa fille. Quoi? Mais voyons, pourquoi? Eh bien, les parents de son ex ne l'aimaient pas. Et son ex non plus. Et il avait passé du temps en prison.

Euh... J'veux pas juger, j'veux pas juger... Mais la porte est où?

Je suis restée, bien sûr. Je ne pouvais pas trouver de bonne raison de quitter. Dans ce temps-là, on n'avait pas de cellulaire, on ne pouvait pas simuler un texto ou un appel. Je me suis rendu compte que mes parents ne savaient pas où j'étais parce qu'ils étaient sortis quand je suis partie, et que ma sœur non plus, parce que JE ne savais pas où j'étais. BRAVO.

Il ne m'a pas embrassée tout de suite. Je continuais de lui parler. Je voulais qu'il sache que j'étais humaine, que j'avais un bon cœur, et qu'on pouvait avoir une conversation en attendant un party, qui n'arrivait pas.

Je voulais partir, mais il se faisait tard et je ne pouvais pas mentir de façon convaincante. De toute façon, mon cerveau était encore en train de me convaincre que tout se passerait bien et que je capotais pour rien.

Bravo Cerveau! Tu m'envoies les bons signaux au départ, et après ça, tu te contredis parce que tu n'aimes pas la peur que je ressens.

J'essayais de voir l'heure, de mentionner l'heure. J'avais apporté des chips pour le party et je les avais déjà toutes mangées.

Je regardais la photo de sa fille. «Il a une fille, je me disais. C'est bizarre, il est un parent. C'est responsable, ça, un parent», que j'osais espérer. Il me parlait de tout ce qu'il allait faire de mieux dans sa vie, maintenant qu'il était sorti de prison...

Et puis, il m'a embrassée. Et je l'ai embrassé. Pas très confortablement. Je me posais encore des questions. J'arrêtais pour lui parler, pour me tasser, pour changer de place dans l'appartement, qui était réellement une chambre pour son coloc absent, et un salon, qui était sa chambre et était aussi la petite cuisine. Je cherchais comment m'en sortir. Me débattre n'a jamais été une de mes options, parce qu'il était très fort. Je n'avais jamais vu de biceps comme ça. J'étais encore une petite ballerine en plein milieu du secondaire.

Tsé, quand ça va mal?

Il a réussi à m'enlever tout mon linge avec facilité. Mes protestations étaient vaines. J'ai commencé à crier plus tard, mais les «non» répétés, ça avait l'air de l'exciter. De toute façon, il devait se dire: «Elle est venue ici. Elle l'a voulu.»

Il y en a qui disent ça quand on se promène en mini-jupe aussi: habillées comme ça, si on se fait agresser, c'est qu'on l'a voulu. Ce soir-là, je portais un gros chandail noir à manches longues, un jeans taille haute typique des années 1990 et des bottes de combat. Pas trop trop sexy. Et si je m'étais habillée sexy? Je me sentirais sûrement plus responsable, mais n'est-ce pas la société qui nous apprend ça? Je ne sais pas. Et de toute façon, est-ce que ça aurait justifié ce qu'il a fait?

J'étais zéro excitée, ça a même saigné un peu la première fois. Puis je me suis épuisée à être crispée et à essayer de partir. Il y a eu une deuxième et une troisième fois. Je ne me rappelle plus quand le coloc est rentré, mais j'ai eu le temps de figer, mascara barbouillé, cri refoulé, et il a refermé la porte aussitôt. Je me suis réfugiée dans une place de mon corps qui est proche de mon cœur. Le reste de moi, je n'y étais pas. J'étais toute petite, toute petite...

Je ne sentais plus rien. Je me voyais de loin. C'était presque absurde. Il m'est venu le goût de rire quand la télé a passé un commercial sur le Chaînon avec mes parents dedans. Puis j'ai eu droit à la sodomie s ans lubrification. Je me rappelle que la douleur était si vive que je me suis demandé si j'allais la sentir toute ma vie. Mettons que ce n'était pas ma soirée. Après, il m'a foutu dans le bain, a parti la douche et m'a dit de me laver.

Ensuite, il m'a parlé un peu, puis a voulu dormir. Je n'ai pas dormi. Il me tenait fort, en cuillère, comme si on était un couple et qu'il m'aimait trop pour me laisser partir. Il m'a donné un bec sur l'oreille.

Le lendemain matin, c'est encore arrivé, mais ça ressemblait moins à la douleur et à la panique du soir d'avant. Plus à une relation vide. J'étais devenue une poupée gonflable. Irritée, meurtrie, mais vide, vide, vide.

Mes parents ne savaient toujours pas où j'étais. Ils avaient, je l'ai décidé à ce moment-là, la fâcheuse habitude d'avoir confiance dans le fait que nous pouvions nous débrouiller seules, alors j'avais le droit de sortir.

Mon agresseur a commencé à avoir faim. Je me suis habillée vite et il m'a servi un genre de déjeuner. Je ne me rappelle pas quoi, peut-être des œufs avec des saucisses à *hot* dog dedans? Je ne pouvais pas m'asseoir, j'avais trop mal. Quand je suis allée à la salle de bain pour laver ma figure, j'ai constaté que je n'allais pas m'asseoir confortablement pendant un bout.

Sans y penser, j'ai commencé à lui parler comme si j'avais eu une bonne soirée, à le remercier pour le déjeuner (que j'avais juste envie de vomir sur la table). Après une heure à le cajoler, j'ai réussi à appeler mes parents. Ils n'étaient pas là, mais ma sœur, oui. J'ai parlé par-dessus sa voix, ne répondant pas à ses questions. «Ah oui, ils capotent? Ah non! Ils ne me laisseront pas sortir pendant combien de semaines? Vous m'attendez maintenant? Ok, ok, j'arrive quand je peux. Les nerfs.» Ma sœur ne savait pas de quoi je parlais, clairement.

Le type me regardait croche. J'en mettais et j'en remettais. Il m'a assise sur lui. Je lui ai donné un câlin et des becs dans le cou en disant que nous allions nous revoir bientôt.

Il m'a fallu à peu près deux heures pour réussir à partir. Deux heures à le convaincre que le soir d'avant n'était pas le pire soir de ma vie. À faire comme si.

J'ai emprunté les escaliers de peine et de misère. Mes jeans, qui n'étaient pas serrés, m'étouffaient. J'avais mal. Il me suivait dans l'escalier. «Je t'appelle ce soir, ok? Mais là, j'ai peur que mes parents ne me laissent plus jamais sortir! Merci encore pour hier», que je lui ai dit.

Oui, oui, j'ai dit ça. Et je lui ai envoyé un bec soufflé avant de dévaler le reste de l'escalier. Je suis restée très surprise : je n'ai pas vomi ni crié en sortant de l'édifice. J'ai couru jusqu'au métro, et me suis réfugiée au milieu des passants pour attendre l'autobus.

Est-ce qu'il savait où j'habitais ? Non. Est-ce que je lui avais dit mon nom de famille ? Peut-être. Est-ce qu'il pouvait me retrouver ? Hum...

Quand je suis arrivée chez nous, la maison était déserte.

J'ai pensé appeler la police. J'avais toujours été persuadée que si j'étais un jour victime d'un crime, j'allais appeler la police. C'était mon devoir. Mais j'ai pensé à l'interrogatoire de police...

«Comment l'as-tu rencontré ? C'est quoi son nom de famille ? C'est quel bloc appartement des deux identiques sur le même bout de rue ? As-tu déjà pris de la drogue ?»

Oui, j'en avais déjà pris. Pendant plusieurs mois, avant cet incident...

Et quand ils allaient appeler mes parents, est-ce qu'ils allaient les faire sentir mal d'être sortis le soir d'avant, peut-être pour du travail ? Et quand ils me demanderaient pourquoi je ne pleurais pas ? Pourquoi je n'avais pas essayé de sortir quand le coloc était revenu ? Pourquoi je ne me rappelais pas de quoi il avait l'air, ce coloc ? Pourquoi personne ne pouvait confirmer où j'étais ?

Mes parents sont des gens connus. Je m'imaginais en première page du *Écho-Vedettes*. Faire honte à ma famille, forcer mes parents à me défendre... quand la première erreur (donner mon numéro de téléphone à l'agresseur) et la deuxième (aller chez lui) étaient les miennes.

Je suis allée prendre une douche. J'ai vidé le réservoir à eau chaude. J'ai porté du mou pendant des semaines. Du noir. Puis quand mes amis m'invitaient, je répondais non.

Plus tard, j'ai dû raconter à mes petits amis, à mes chums puis à mon mari ce qui m'était arrivé. Ces événements n'ont rien à voir avec l'amour. Mais quand on se réveille dans la nuit en sursautant, en donnant des coups de pieds, ça affecte la personne qui dort avec nous.

Et il faut plusieurs mois, plusieurs années pour s'en remettre.

Si on s'en remet.

LA PETITE VOIX

On entend souvent dire que l'être humain n'utilise que 10 % des capacités de son cerveau. Je ne sais pas si c'est vrai, par contre je sais que certains sens et capacités nous sont disponibles, et qu'on ne les utilise pas assez. La plupart des gens qui ont été victimes d'agression ou de moments cauchemardesques le disent : « Quelque chose me disait de ne pas y aller/de courir/de crier/de dire non. »

On a tous une petite voix qui, de l'intérieur, nous donne des indices. Malheureusement, on ne l'écoute pas tout le temps.

Dans ma dernière relation significative, la petite voix s'est manifestée à quelques reprises avant que je l'écoute. En fait, à plusieurs reprises, je l'avoue, mais comme j'écoutais pas, ben... je ne sais plus trop.

Certains appellent cette petite voix l'instinct, d'autres la raison, l'intuition, la voix de l'âme... Peu importe comment on l'appelle, on en a tous une. C'est la petite voix qu'on entend dans sa tête, celle qui sent et qui sait, souvent bien avant que nous ne sachions nous-mêmes. La petite voix qui dit « *Next*! » trois secondes après le début d'un rendez-vous, qui murmure : « Tu vas feeler *cheap* demain matin » quand on s'apprête à manger un deuxième *cupcake*, ou qui nous hurle « Non!!! » quand on s'élance pour texter notre ex parce qu'on est un peu trop éméché(e).

Dans cette relation-là, la première fois qu'elle m'a fait signe, c'est le jour où l'amoureux en question a emménagé avec moi. Ça aurait dû être un jour heureux. Tsé, on décide de vivre ensemble, *yeah! Right*? Même si c'était pour des raisons d'ordre pratique, entre autres, qu'on déménageait ensemble, c'était aussi qu'on était amoureux. Donc c'était une bonne chose.

Que je me disais.

Le matin du déménagement, l'amoureux s'est levé tendu comme une corde de violon. Il a chialé toute la journée sur chaque petit détail et ne m'a pas souri une fois. Pas une. Je lui disais : « Youppi, on va habiter ensemble, mon amour! » Et je me faisais répondre : « Ben oui, ben oui, mais là y a des boîtes à défaire... » J'ai essayé toute la journée de partager mon bonheur avec lui, de lui rappeler que ça devait être une étape importante et heureuse de notre vie de couple. Mais j'avais beau essayer à grands coups de sourires, de hourras, de bisous, de pompons presque, j'étais toute seule de ma gang dans le camp du bonheur.

La petite voix en moi m'a dit : « Aïe! Ça commence mal en titi! Voyons, c'est supposé être le début d'une belle aventure, pis ça commence avec un air de bœuf. Moi, je trouve que ça sent très mauvais, tout ça.» Mais je lui ai dit de se la fermer. Elle ne comprenait pas. C'est un gros stress, un déménagement, il s'était levé du mauvais pied, en plus c'était un homme, et moi, j'étais probablement juste trop fille avec mes émotions pis mon bonheur...

Il y a ça aussi: la meilleure façon de se donner bonne conscience quand on décide de ne pas écouter sa petite voix, c'est de parler plus fort qu'elle en trouvant des raisons pour justifier ce qu'on fait... ou ne fait pas.

Des occurrences de petite voix mise en sourdine, j'en a vécu plusieurs par la suite. Elle me parlait de plus en plus souvent. Moi, j'étais rendue pas mal bonne dans l'art de ne pas l'écouter ou de faire semblant de ne pas l'entendre. Pis, honnêtement, je la trouvais pas mal exigeante avec ses idées de bonheur, de paix d'esprit et de joie de vivre. «Woooo les moteurs, ma grande, la vie c'est pas facile!» que je lui disais.

Je l'avais tellement étouffée que je me convainquais un peu plus chaque jour que finalement, c'était normal tout ça. Pas grave, j'allais être amoureuse pour deux!

Un jour, mon amoureux et moi sommes allés au cinéma voir *Crazy Stupid Love*, un film que j'ai tout simplement adoré. Je suis sortie du cinéma tellement enthousiaste, je n'arrêtais pas de me réjouir de ce que je venais de voir. Exactement le genre de film que j'aime: de l'amour, de l'humour, des répliques brillantes, un bon scénario... Dans la voiture, je m'extasiais sur le film, expliquant ce qui m'avait surprise, fait rire, ce qui m'inspirait. Et je me suis fait couper le sifflet: «Ok, j'ai compris, t'as aimé le film. On va pas en parler pendant quinze minutes, quand même?!» Son ton était aussi sec qu'un biscuit soda oublié dans le désert.

Et là, la petite voix en moi a vraiment parlé fort. Elle m'a dit: «Donc, si je comprends bien, toi, la fille qui aime écrire et adore le cinéma, qui trouve qu'on devrait mettre plus d'énergie à parler de ce qui nous réjouit que de ce qui nous énerve, la fille qui adore discuter, tu viens en gros de te faire dire "Ta yeule" poliment par celui avec qui tu es fiancée, c'est bien ça?»

J'ai ravalé mes larmes, j'ai fermé ma yeule sur le film et j'ai dit à la petite voix d'aller se faire foutre.

Quelques semaines plus tard, comme une bonne fille bien anxieuse (plus on est avec un trou d'cul, plus on a peur de le perdre, parce que tsé, un gars comme ça, on veut le garder à tout prix – insérer l'ironie ICI), j'ai demandé à mon homme: «Est-ce que tu m'aimes?»

Sa réponse: «Coudonc, combien de fois va falloir que je te le dise!?»

Là, ma petite voix a hurlé: «Là, y a des osties de limites!» et elle n'a pas arrêté de crier. Je n'avais plus trop le choix de l'écouter.

Ça fait que j'ai donné leur avis d'éviction à mes peurs et à mes insécurités, j'ai pris l'air de bœuf par les cornes et j'ai fait ce que j'aurais dû faire depuis longtemps: j'ai décidé de ne plus écouter la grosse voix de celui qui assombrissait ma vie et d'enfin écouter la petite voix à la place.

Je ne sais pas à quel point il avait l'air bête le jour où il a déménagé, je ne suis pas restée pour être témoin, la baboune de l'emménagement m'avait suffi, mais je me doute que sa petite voix lui a dit: «Beau travail! En tout cas, c'est pas comme si je t'avais pas averti.» Peu importe, de toute façon; il a dû lui dire ce qu'il me disait à moi: «La ferme!»

Je suis contente de l'avoir (enfin) écoutée, ma petite voix. Vaut mieux tard que jamais. Cependant, il paraît que si on fait semblant de ne pas l'entendre pendant trop longtemps, elle finit par devenir muette ou, tout simplement, par disparaître.

Alors de grâce, écoutez votre petite voix de temps en temps. Oui, elle peut être décevante et criante de vérité, mais si elle a quelque chose à dire, ça vaut sûrement la peine de l'écouter... pendant qu'elle est encore là.

D'ailleurs, ce serait pas votre petite voix qui vous a murmuré de vous procurer ce livre? Vous voyez bien qu'il faut l'écouter...

À CHACUN SON BONHEUR

« A-T-ON VRAIMENT BESOIN DE SAVOIR
QUI EST HÉTÉRO ET QUI NE L'EST PAS ?
ON NE POURRAIT PAS SE CONTENTER D'AIMER
TOUT LE MONDE ET DE NE JUGER
LES GENS QUE PAR LES VOITURES
QU'ILS CONDUISENT ? »

ELLEN DEGENERES

JE SUIS COMME JE SUIS, TU ME SUIS ?

S'il y a quelque chose qu'on finit enfin par comprendre autour de quarante ans, c'est qu'on est comme on est. On réalise que plus on est soi-même, plus on est fidèle à ce que l'on est réellement, à son essence, plus on est bien. Mais ça, ça prend de l'expérience, quelques rides et parfois une couple de chaudières de larmes et de tapes su'a yeule pour bien saisir.

Quand j'ai fait mon inévitable bilan de quarante ans (qui suis-je, où vais-je, que veux-je, pourquoi-je-je?), j'ai réalisé quelque chose d'assez sidérant: j'ai passé la plus grande partie de ma vie à essayer d'être une autre que moi. J'ai entre autres passé pas loin de vingt-cinq années à essayer de perdre une vingtaine de livres. Convaincue qu'il suffisait de les perdre pour être enfin à mon goût et au goût des autres. Et qu'est-ce que j'ai perdu au bout du compte? Ben oui, vingt-cinq ans...

Comme beaucoup trop de femmes de ma génération, j'ai passé un temps fou à essayer d'être une version de moi-même supposément meilleure. Plus belle, plus fine, plus aimable, plus féminine, moins rebelle, moins intransigeante, moins entêtée, moins *tomboy*, plus ci, moins ça, plus ou moins ce que j'étais déjà, en fait, mais dans une version qui serait rentrée dans le moule. Vous savez, le moule des magazines, des films et de la publicité, et même des jouets pour enfants...

J'ai joué à la Barbie, comme la plupart des fillettes de ma génération, mais j'aurais aimé qu'on me dise plus tôt qu'elle ne représentait pas «quelqu'une» qui se pouvait réellement. Quand mon frère jouait avec ses bonshommes et ses petits vaisseaux de *Star Wars*, je ne pense pas qu'il espérait réellement piloter un jour le *Faucon Millenium*, jouer dans un *band* de jazz avec une clarinettiste à deux têtes ou devenir chevalier Jedi! Pourtant, moi, je me voyais un peu comme une future Barbie qui allait avoir pour mission de chercher son Ken et d'avoir la plus belle chevelure en ville.

J'ai donc passé le plus clair de mon existence à être plus ou moins moi. Et il n'y a pas grand-chose de moins précis que le plus ou moins. C'est donc avec le temps et un soupçon de sagesse que j'ai finalement compris que plus je suis moi-même, plus les gens m'apprécient. Ou, du moins, les gens que moi j'apprécie. Et c'est ça le plus important, au final.

J'aimerais vraiment crier: «Si seulement on me l'avait dit avant!»

Mais justement, on me l'a dit avant. Sauf que vous savez ce que c'est. Y a de ces trucs qu'on se fait dire et qui nous passent six pieds par-dessus la tête, jusqu'au jour où, on ne sait pas trop pourquoi, tout d'un coup ça transcende notre existence: boum, là on a compris, et boum, tout change.

Et un jour, big badaboum, j'ai décidé d'arrêter d'essayer de rentrer dans le moule. *Anyway*, à quoi bon? J'suis ni un gâteau ni un muffin, je suis juste moi.

Et pour être complètement moi, je dois vous révéler un détail que j'ai consciemment passé sous silence, entre autres sur mon blogue... Vous vous attendez à ce que je fasse un grand *coming-out*? Ah-hah! Eh ben non, même pas.

Je ne suis pas lesbienne, cependant je me suis déjà demandé si je l'étais, ça oui. À force d'accumuler les échecs relationnels et les incompatibilités avec les hommes, c'est un peu normal. Si chaque fois qu'on boit du lait on enfle comme une balloune ou on vomit, ça se peut qu'on se demande si on ne serait pas intolérant au lactose.

J'ai donc vérifié mon orientation sexuelle avec moi-même et je peux vous dire que j'aime profondément les hommes. Et vice versa. Mais je n'aime pas qu'eux. En fait, il y a à peu près dix ans, j'ai réalisé que je suis, comme le disent les Français, à voile et à vapeur, comme le disent les Américains, *playing on both teams*, et comme le dit le commun des mortels tant qu'ils sont un peu éduqués, bisexuelle.

Ça fait que en gros, bibi... est bi.

Avant d'aller plus loin, on va y aller d'un petit graphique pour bien se comprendre. (J'aurai pas passé deux ans à l'UQAM en sexologie pour rien.)

Ce tableau nous montre qu'à zéro on est 100% hétérosexuels, qu'à 3 (tiens, mon chiffre chanceux!) on est pleinement bisexuel, donc ayant de l'attirance pour les deux sexes, et qu'à 6 on est strictement homosexuel.

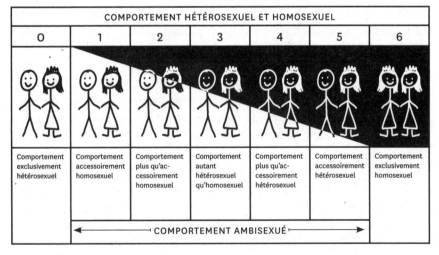

L'ÉCHELLE DE KINSEY

184

Il existe aussi des gens qui font partie de ce que j'appellerais «les 6,5»: une fois hors du garde-robe, ils se portent volontaires pour faire la mascotte sur un char allégorique déguisés en pouliche à la crinière arc-en-ciel. Et on a les super hétéros qui ont presque peur des gais, pensant que l'homosexualité, c'est mal, contagieux ou je ne sais encore quelle absurdité. J'exagère à peine.

Pour ma part, je me situe pas mal vers un 2 qui tire sur le 2,5. Oui, j'aime les hommes et j'aime aimer avec eux, mais je me suis aussi découvert une ouverture et une attirance pour les femmes.

Je suis quelqu'un de très ouvert. J'ai fréquenté des Blancs, des Noirs, des Italiens, des Asiatiques, des Arabes, des catholiques, des musulmans, des juifs et des je-sais-pas-trop. Y en a qui ont fait le tour du monde en cent quatre-vingts jours, moi je l'ai presque fait en cent quatre-vingts *frenchs*. Ça m'a coûté pas mal moins cher d'avion, mettons. Au pire, ça représente un petit investissement en baume à lèvres. Je considère que je peux tomber amoureuse d'une personne, mais surtout d'une âme, bien avant de m'attarder à ses origines ethniques, ses croyances, son métier, son apparence et même, oui, son sexe.

J'ai eu la chance d'être élevée par des parents qui me disaient: «Tu aimeras qui tu voudras, tant que c'est quelqu'un qui te le rend bien et qui te traite bien.» C'est assez simple quand on y pense, mais justement, on n'y pense pas assez souvent.

Je ne sais pas trop comment je me suis rendu compte de mon ouverture aux femmes. Ce qui est drôle, c'est que le tout premier numéro de *stand-up* que j'ai fait, en 1997, relatait mon changement de bord fictif! J'y racontais que j'étais tannée d'être avec des hommes et que j'avais décidé de «virer aux femmes». Quand j'ai écrit ces blagues-là, je n'avais jamais même pensé à embrasser une fille... Le filon à *jokes* était bon et peu exploité, et l'humoriste en moi s'est dit que s'il y avait des bonnes lignes à faire sur un sujet, ben fallait y aller.

Ce numéro a suscité tellement de réactions de la part autant des hommes que des femmes! Mais à cette époque, tout ça n'était qu'un numéro d'humour pour moi. Puis, la vie étant un sac à surprises, c'est devenu une quasi-réalité.

PREMIÈRES FLAMMES

En y réfléchissant, je me suis rendu compte que ma première flamme féminine a probablement été la Femme bionique.

COMPLÉMENT DE LECTURE
Si vous ne connaissez pas la Femme bionique, cherchez dans
Google: «Lindsay Wagner Bionic Woman.» Croyez-moi,
malgré le linge et la coupe de cheveux sortis tous droit des
années 1980, elle était un solide onze sur dix! Pas pour rien
que l'Homme de 6 millions trippait dessus*.

Je ca-po-tais sur la Femme bionique. Littéralement. J'avais la poupée
genre Barbie à son effigie, la maison pour aller avec, le *jumpsuit* une pièce
en jeans, la boîte à lunch, c'est pas mêlant, je me promenais dans la cour
d'école en courant au ralenti et en faisant le bruit bionique (un genre de
tche-tche-tche-tche-tche avec ma bouche, mettons)! Je la trouvais belle,
bonne, *hot*, je voulais être comme elle et avec elle.

Évidemment, je ne m'imaginais pas la marier plus tard comme je le faisais avec Michael Jackson: quand j'étais enfant, j'ignorais qu'il existait
autre chose que la bonne vieille combinaison homme + femme = couple/
famille.

Puis un jour, l'émission *La Femme bionique* a été retirée des ondes. Loin
des yeux, loin du cœur... J'ai donc commencé ma collection de chums, ce
qui a occupé le plus clair de mon temps de quatorze à vingt-quatre ans.

Au beau milieu de ma vingtaine, il y a eu ce party bien arrosé et bien
enfumé. Un ami m'y avait traînée, et j'y ai renoué avec une amie du secondaire. Abus d'alcool, de calumets de la paix et de retrouvailles, je sais plus
trop comment c'est arrivé, mais un moment donné elle m'a dit: «Ça te
tente que je te fasse un massage?» Moi qui adore me faire masser, j'ai
sauté... sur l'occasion. Non non, pas sur la fille. Une chose à la fois.

Elle a commencé à me masser le dos. Après un temps, il s'est passé
quelque chose: j'aimais vraiment, vraiment beaucoup ça. Plus que d'habitude. Ça survient parfois pendant un massage donné par quelqu'un qui
nous plaît, tsé, le *feeling* qui nous fait nous dire: «Hum... ça fait du bien.

---

* Dans les années 1980, six millions de dollars, c'était vraiment une immense fortune.
C'est comme les cheveux crêpés, c'est devenu pas mal moins *hot* de nos jours...

Après… revire-moi de bord, qu'on s'embrasse et qu'on…» Et là je me suis dit : «Wooo, Anne-Marie, arrête ça, voyons, c'est une fille!»

J'avais beau n'avoir aucun problème avec les relations entre personnes du même sexe, ça ne m'était encore jamais passé par l'esprit au sujet de mon sexe à moi!

Quand elle a arrêté de masser mon dos, j'ai oublié mes questionnements et j'ai fait comme on fait dans ce temps-là : j'ai mis tout ça sur le compte de la boisson et je suis passée à un autre appel.

Quelques années plus tard, fin vingtaine, j'ai eu mon véritable premier coup de foudre féminin. Invitée à un spectacle par un ami, j'ai tout de suite été super attirée par la fille qui était sur scène, l'amie de mon ami. Je la trouvais superbe, sensuelle, si j'avais eu de la soupe, c'est clair que je l'aurais vue dedans. Quand j'ai dit à mon ami à quel point je la trouvais jolie, il m'a dit que ça lui ferait plaisir de me la présenter.

Au début je me suis dit : «Ben non, je la trouve belle, mais pas… dans ce sens-là!» Mais en y pensant davantage, j'ai réalisé que peut-être bien que oui, après tout, peut-être qu'elle me plaisait dans ce sens-là. Il n'y avait qu'une façon de m'en assurer! Et tant qu'à la voir dans ma soupe, aussi bien l'inviter à souper.

Elle est venue chez moi. Elle était vraiment mignonne, elle me faisait rire. Quand elle m'a embrassée, j'ai tellement aimé ça… Pas mal plus que prévu. Après une tonne de *french kisses* passionnés, j'ai finalement décidé de mettre mes petites peurs de côté et ma curiosité de l'avant. Après quelques rendez-vous, j'ai passé la nuit avec elle.

Dans mon imagination, le scénario était parfait. Elle allait tout me montrer, me faire découvrir des sensations jusque-là méconnues, comme si elle mettait le pied (ou plutôt les mains) là où l'homme n'était encore jamais allé, du moins pas de cette façon-là. Je me disais que ça allait être une nuit mémorable qui changerait probablement ma vie. Tsé, quand tu dis mettre la barre de l'extase ben trop haute.

La réalité fut complètement autre. C'est là que j'ai réalisé que peu importe l'orientation sexuelle, quand il s'agit de relations intimes, c'est pas toujours simple et c'est surtout très rarement comme on se l'imagine, surtout quand on en imagine beaucoup trop.

Passé l'étape de nous déshabiller (les gars, je vous comprends : calvince que ça peut être difficile à détacher, un soutien-gorge!), on s'est mises à s'embrasser et à se découvrir. Je m'imaginais une longue nuit sensuelle toute en féminité et en douceur. Comme dans l'expression : «C'est tellement beau, deux femmes ensemble.» Je me voyais déjà dans un film de la série *Emmanuelle*.

Dans les faits, ce fut le choc: j'ai plutôt eu droit à un extrait de film porno semi *hardcore* avec une fille qui me criait presque ce qu'elle voulait que je lui fasse. D'ailleurs, il était clair que c'est moi qui allais pas mal tout faire. Moi qui n'avais jamais été intime avec une femme, v'là-ti pas qu'il fallait que moi, je lui fasse l'amour! Aussi désemparée que nue, je me suis dit que c'était le monde à l'envers.

Imaginez qu'un ami vous invite à faire du ski alpin. Lui, il skie depuis quinze ans alors que vous jamais, sauf la fois où vous avez fait du ski de fond pendant une classe-neige en quatrième année du primaire. Mais vous dites oui, pourquoi pas? Et rendue en haut de la montagne, votre ami vous dit: «Bon, vas-y, montre-moi comment on fait!» Ok, j'admets que c'est pas exactement la même chose, mais disons que si on reste dans l'analogie du ski, je maîtrisais à peine le chasse-neige, et on me demandait de descendre la piste expert avec bosses!

En me levant le lendemain matin, bien qu'encore semi-traumatisée, j'ai dit tendrement à ma flamme: «Bon matin! Je vais aller à la boulangerie, tu voudrais quoi? Des petits pains au chocolat, des croissants?» Sa réponse: «Je veux dormir!» Je peux vous dire que mon idée de douceur féminine a sacré le camp en même temps que le peu de sourires et d'enthousiasme qu'il me restait. Bête, tu dis?!

Ma première nuit à folâtrer avec l'amour lesbien fut donc une catastrophe. Je sais bien que je suis juste tombée sur une fille un peu *rough*, un peu spéciale dans le très mauvais sens du terme, mais disons que mes ardeurs bisexuelles se sont éteintes aussi vite que si on avait lancé un seau de glace dessus.

Des années plus tard, quand j'ai renoué avec mon vieux pote, le célibat, et que je me suis mise à me redemander pourquoi ça ne fonctionne jamais pour moi avec les hommes, j'ai décidé de retenter ma chance avec les femmes. J'avais beau avoir été traumatisée, ça ne m'empêchait pas de remarquer les belles filles et de me demander comment ce serait de les embrasser. C'était clairement plus que de la curiosité de fille éméchée. Je me devais d'aller vérifier, juste une autre fois.

Ne sachant pas trop comment m'y prendre – jusque-là, c'était toujours des rencontres du hasard par l'entremise d'amis et je ne me voyais pas pantoute aller à la pêche à la lesbienne dans le Village, j'ai décidé de publier une fiche de «bi» sur un site de rencontres. À peine trois jours plus tard, je recevais un message d'une fille qui me plaisait beaucoup.

J'ai commencé à correspondre avec elle et, très déterminée, elle m'a carrément dit durant un *chat*: «Tu me plais vraiment beaucoup, alors si tu veux on se donne rendez-vous à tel endroit, y a un hôtel pas loin et si ça clique, eh bien... On peut passer la nuit ensemble là...» Je la trouvais de mon goût aussi, et j'avoue que j'avais envie de voir si je pouvais passer une nuit satisfaisante avec une fille. Comme elle était aussi bisexuelle, je me suis dit qu'elle comprendrait peut-être plus d'où je viens et comment j'espérais venir.

On s'est donné rendez-vous, on s'est vraiment plu tout de suite et, oui, on a passé la nuit ensemble. Quand on est arrivées à l'hôtel, il ne restait qu'une suite, et c'est donc dans une chambre vraiment géniale qu'on a atterri, avec grand bain-tourbillon double et tout le tralala.

Ce fut une très, très belle nuit. On s'est même revues quelques fois par la suite. Je pouvais enfin effacer de ma mémoire ma première expérience pas-de-pénis pénible et avoir un maudit beau souvenir de l'amour entre deux femmes dont une des deux était, en l'occurrence, moi.

BILAN DE «BI»

Le lendemain de cette fameuse nuit, je me suis évidemment posé une tonne de questions.

✴ Comment ça se faisait que j'avais aimé ça à ce point-là avec une femme, puisque j'aime vraiment beaucoup ça avec les hommes?

✴ Si je continuais de voir juste des filles, est-ce que les hommes me manqueraient?

✴ Si, à l'inverse, je ne voyais plus de filles, est-ce que c'est elles qui me hanteraient dans mes fantasmes?

✴ Comment les gars font pour aimer les faux seins?! Ça paraît tellement quand c'est des faux! Honnêtement, je connais ça, les seins, j'en ai depuis trois décennies. Les faux sont peut-être beaux dans le décolleté, mais ils sont pas mal moins agréables au toucher. Cela dit, je suis maintenant certaine à 100% que je ne ferai jamais refaire les miens. Pour moi, les seins, c'est l'inverse des pénis: j'aime mieux des petits mous que des gros durs. S'cusez-la. (Je vous l'ai dit, quand y a une *joke* à faire, c'est plus fort que moi.)

Après ma phase de questionnement, je me suis dit qu'une fois n'est pas coutume. Au moins, j'étais branchée sur un point: je savais désormais que, oui, je pouvais passer une nuit avec une femme sans que ce soit traumatisant, bien au contraire. Je ne planifiais pas de répéter l'expérience au plus pressant, mais j'ai tout de même vite compris qu'il y avait certains points positifs à ne pas négliger dans la relation femme-femme. En voici les avantages :

✳ Qu'on se protège ou pas, ces histoires-là ne risquent pas de commencer à deux pour finir à trois. Même la nuit la plus intense ne finira jamais par mettre une des deux femmes enceinte. Jamais. Un stress et une couple de nausées de moins.

✳ On connaît évidemment un peu plus spécifiquement le corps de l'autre, vu qu'il ressemble en gros au nôtre, mais là aussi il faut être réaliste : même sexe ne veut pas dire mêmes sensations ni mêmes préférences. Par exemple, on a tous des pieds, et pourtant certains adorent se les faire masser alors que d'autres hurlent dès qu'on leur frôle la cheville. C'est pas parce qu'une femme est devant un corps de femme qu'elle sait exactement quoi faire avec. Oui, elle a de meilleurs repères que la première fois qu'elle se retrouve devant un pénis ou une scie ronde, mais tout de même, ça demeure mystérieux, oui, oui !

✳ Avec une femme, il n'y a pas ce que j'appelle le syndrome du château de cartes. Vous savez, quand vous êtes au lit avec votre partenaire « de cartes » et que vous arrivez à ériger un beau château, d'une belle grandeur et qui tient bien... vient l'inquiétude, si vous sortez prendre un verre d'eau, de vous retrouver avec trois étages en moins ou, pire, avec les vestiges flasques des fortifications détruites. J'ai déjà été avec des gars pour qui la levée de drapeau était un événement si important que plus rien ne comptait que d'essayer de maintenir le drapeau flottant au vent du désir*. Avec une femme, pas de ça.

✳ Ce n'est pas rare, dans les relations amoureuses hétérosexuelles, que la femme ait l'impression qu'elle communique deux fois plus que le gars, en face à face comme par textos et courriels. Dans une relation avec une femme, un net avantage : ce que femme veut, généralement, femme donne aussi. Moi, je fonds juste à recevoir un tout petit « Coucou bonne journée » par texto le matin. Les femmes que j'ai fréquentées m'ont toujours comblée sur ce point-là.

---

* Si vous n'avez pas compris les analogies, je vous conseille de sauter au prochain texte, sinon je pense que vous risquez d'être moyennement beaucoup mêlé.

Je ne blâme pas les hommes. On pourra dire ce qu'on veut, oui, les hommes et les femmes sont foncièrement différents. Oui, les hommes communiquent de façon plus minimaliste, alors que les femmes aiment communiquer souvent et longtemps. C'est donc un peu évident qu'ensemble, elles se nourrissent l'une l'autre. Mais on ne fait pas sa vie avec une femme parce qu'on aime se faire réveiller par un texto ou se coucher après avoir parlé une heure au téléphone.

Être en relation avec des femmes m'a aussi permis de me retrouver de l'autre côté de l'amour, en quelque sorte, et de comprendre comment on peut parfois être envahissantes avec nos questions. J'ai eu ça, moi, une blonde qui était juste *too much*. Elle m'écrivait à tout bout de champ, m'appelait des dizaines de fois par jour, plus souvent qu'autrement pour me dire à peu près rien, du genre «T'es où? Tu fais quoi?». Tsé le genre qui texte pour annoncer ce qu'elle mange pour dîner? Je comprends que les gars puissent se sentir un peu étouffés! Même si j'aime beaucoup communiquer, j'aime aussi pouvoir vivre quinze minutes sans avoir à donner un rapport complet de mes activités.

J'ai aussi goûté aux nébuleux «Non non, j'ai rien» qui, évidemment, veulent dire: «Oui, j'ai quelque chose, mais à toi de trouver quoi!», ainsi qu'aux trop nombreux «M'aimes-tu?». Je vous le dis, y a rien comme sortir avec une fille de ce genre-là pour comprendre le désarroi de certains hommes et... slaquer un peu la poulie sur ses réflexes de fille anxieuse.

À CHACUN(E) SES CHACUN(E)S

Ça arrive à tout le monde, un jour ou l'autre: on finit par comprendre qu'il n'y a pas de relation parfaite. Il y a des différences entre les hommes et les femmes, mais aussi entre tous les hommes et toutes les femmes. On est tous uniques, et on a tous notre petite idée de ce qu'on veut et de ce qu'on ne veut pas. Et ça, c'est un peu comme les empreintes digitales, c'est propre à chacun. Des fois, je me regarde aller et je me dis qu'il y a des moments où je me tomberais moi-même sur les nerfs, c'est certain.

Si vous êtes un fidèle lecteur du blogue, vous ne vous en doutez sûrement pas, mais certaines des histoires que j'y ai racontées se sont en fait déroulées avec des femmes. Et qu'est-ce que ça change au final? Rien du tout.

En racontant ces histoires, j'avais le sentiment désagréable d'omettre volontairement des détails assez importants. Je déteste le mensonge, et j'avais l'impression de ne pas dire toute la vérité. Pourtant ce blogue se voulait justement un livre ouvert sur ma vie. Mais le cœur de ces anecdotes ne tenait pas du tout au fait qu'elles mettaient en scène des femmes, la preuve : personne ne s'en est rendu compte !

L'orientation bisexuelle traîne encore son lot de préjugés et de clichés. Pour bien des gens, être bisexuel signifie avoir une sexualité débridée, être très porté sur la chose. Pour d'autres, ça veut dire ne pas être capable de choisir, de se brancher, ça revient un peu à vouloir le beurre et l'argent du beurre. Là, vous ne me voyez pas, mais je soupire et je lève les yeux au ciel. Beaucoup.

La vraie bisexualité, c'est la capacité à tomber amoureux tant des femmes que des hommes. C'est aimer. Point.

Il faut arrêter de s'en faire autant avec qui couche avec qui et pourquoi. Quand vous garnissez votre hamburger, vous le faites à votre façon, n'est-ce pas ? Imaginez que quelqu'un vienne vous dire : « Non, la moutarde ça va sur le pain d'en bas, ôte le fromage, mets de la mayo dans ton ketchup. » Vous lui répondriez probablement : « Hey ! Mets ce que tu veux dans *ton* hamburger, mais veux-tu ben laisser le mien tranquille ? C'est MOI qui vais le manger !!! »

Ben c'est ça. L'amour, c'est comme un hamburger. Y en a qui aiment ça au bœuf, d'autres à l'agneau, y a le végé, le vegan, ceux qui aiment ça bien cuit, ceux qui préfèrent les burgers de *fast-food*, avec un pain sésame, un pain plat, du bacon, du brie, des champignons frits...

À chacun sa recette. À chacun son bonheur.

AVANT DE SE QUITTER

Désormais, vous en savez un peu beaucoup (peut-être même trop) sur moi. Mais j'ai décidé d'écrire sur mes histoires de marde parce que je sais que ça fait du bien de se sentir moins seul, de savoir que d'autres gens ressentent des émotions similaires aux nôtres, connaissent le même vague à l'âme et les mêmes trous dans le cœur.

Ce n'est pas que purement altruiste de ma part non plus. C'est bien connu, écrire est très payant. Heu, non... Écrire est une excellente thérapie, et c'est ce que je fais depuis plus de vingt-cinq ans maintenant. J'en ai noirci, des cahiers, à grands coups de peine d'amour. Il y a ceux que je relis en riant, n'en revenant tout simplement pas de la quantité d'énergie et d'émotions que j'ai mises dans ces histoires, et il y en a d'autres que je relis avec un pincement au cœur. Parce qu'il y a ces personnes qu'on a tant aimées, mais avec qui ça ne pourra jamais marcher. Il y a même des cahiers que je ne lis pas; ça ferait trop mal. Mais ça m'a fait du bien d'écrire ces grandes émotions. Alors l'exercice n'a jamais été vain.

Quand vous vivez quelque chose qui vous semble trop grand, trop fort, trop triste ou trop dur, n'hésitez pas à l'écrire et à en parler. En le laissant sortir un peu, même juste un peu, il y en aura moins en vous. C'est comme une litière à chat, faut vider ça de temps en temps, sinon ça pue et ça gêne les gens qui entrent dans votre maison... et dans votre vie.

Et faites confiance à l'univers. Même si certains jours les obstacles de la vie vous paraissent insurmontables, même si vous avez l'impression que l'amour c'est pour tout le monde sauf vous, que ça ne vous arrivera jamais ou du moins pas comme vous l'espérez. En envoyant de telles pensées négatives dans l'univers, on s'attire du négatif. On a le droit d'être déprimé, déçu, amer, triste, mais on n'a pas le droit d'abandonner. On a tous le droit d'aimer et d'être aimé. Toi. Toi. Et oui, toi aussi.

Alors je vous souhaite de VOUS aimer le plus possible. Qui sait, peut-être bien que l'amour attire l'amour! Moi, je veux et je vais y croire. On peut me faire pleurer, m'angoisser, me déstabiliser, me faire peur, me blesser. Mais personne ne me fera renoncer à l'amour. Jamais.

J'ai aimé et, oui, j'aimerai à nouveau.

Marde... ou pas.

Remerciements

Ça, c'est le bout quétaine où je remercie les gens que j'aime et qui me le rendent bien. C'est *cheesy*, mais je les aime, faque pardon.

Ce livre, c'est beaucoup trop de moi, mais tellement de gens l'ont rendu possible et m'ont rendue possible, moi.

Merci à ma fan numéro un depuis toujours, mon modèle, ma force, mon plus grand amour, ma mère. Sans elle, il n'y aurait pas de livre, pas de spectacles, pas grand-chose de moi. Merci d'être la meilleure mère que l'on puisse espérer et de m'avoir donné le modèle que j'espère toujours accoter, ne serait-ce qu'à moitié. T'en as essuyé, des larmes, et t'en as entendu, des «Oui, mais je l'aimeeeeeeee!», et tu as toujours été là pour moi, même quand j'étais misérable ou ridicule. Je t'aime d'un amour sans mots et sans maux.

Merci à mon papa d'amour et à sa belle Marie-Josée, à mon grand frère à moi rien qu'à moi que j'aime malgré le continent qui nous sépare. MERCI à mes magnifiques enfants, vous êtes ma plus belle histoire d'amour à vie et je suis privilégiée d'avoir les plus beaux et les meilleurs enfants du monde. Merci aux merveilleux papas que sont Ghislain et Hugues; vous êtes tout sauf des histoires d'amour de marde, et vous le savez. Vous tous êtes bien davantage que ma famille: vous êtes ma vie.

Merci à Annie, mon âme sœur, ma sœur d'âme, la personne qui me rejoint, me connaît et me ressemble le plus au monde. Et t'as bien raison, moi aussi, un de mes plus grands regrets, c'est de ne pas t'avoir connue avant, mais on a toute la vie pour se reprendre.

Merci à Cynthia et à India, sans qui ce livre serait encore dans ma tête. Merci à mes précieux amis, trop nombreux pour que je les nomme, mais vous vous reconnaîtrez.

Merci à Dominique Lemieux de m'avoir ouvert le chemin et tapé dans le dos (et sur les doigts quand c'était le temps).

Un merci tout spécial à tous ceux qui me lisent et m'ont donné le goût de continuer. Vous, mes précieux lecteurs, qui me questionnez, me soutenez, me remettez en question, me suggérez des sujets, me titillez et me recommandez, MERCI de m'avoir suivie dans mes écrits pas toujours roses, mais tellement colorés, en partie grâce à vous.

Et oui, merci à ceux qui m'ont brisé le cœur, que ce soit avec des mots, une hache ou un rouleau compresseur. Vous m'avez fait mal, mais vous m'avez fait grandir. Sans vous, ce livre n'existerait pas.

Merci à la vie. C'est souvent un peu fou, parfois trop triste, souvent ça a fait mal, mais maudit que c'est jamais plate. J'ai peut-être une vie amoureuse de marde, mais j'ai une vie extraordinaire, c'est déjà ça de pris!

TABLE DES MATIÈRES

SOLO, MODE D'EMPLOI

ZONE XXX

DURS LENDEMAINS

BOBO LE CŒUR

À CHACUN SON BONHEUR

Achevé d'imprimer au Canada
sur papier Enviro 100 % recyclé